AI시대, 타깃 광고 이기는 전략

AI시대, 타깃 광고 이기는 전략

당신은 검색 광고와 블로그에
가스라이팅 당해왔다

심진보 지음

알림

이 책에서는 도달 광고와 타깃 광고라는 용어를 혼용하여 사용하고 있습니다. 엄격하게 따지면 두 용어는 다르게 해석될 수 있겠지만, 저는 동일한 의미로 사용하였습니다. 검색 광고의 반대 의미로 도달 광고를 사용하였습니다. 타기팅이 가능하다는 것을 강조할 때 '도달 광고' 대신 '타깃 광고'라는 용어를 사용하였습니다.

"모두에게 말한다는 것은,
아무에게도 말하지 않는 것과 같다."

- 메러디스 힐 -

프롤로그

2008년부터 대기업, 중소기업, 소상공인을 대상으로 온라인 광고 대행과 마케팅강의, 컨설팅을 해왔습니다. 그동안 온라인 광고 매체는 끊임없이 진화해 왔습니다. 키워드 광고의 등장, 블로그 마케팅의 전성기, 소셜 미디어의 출현, 유튜브의 열풍, 쇼츠, 릴스, 틱톡과 같은 숏폼 영상의 성장까지 광고 플랫폼과 트렌드는 바뀌었지만, 변하지 않는 것이 있었습니다. 바로 광고 예산이 적고, 경험치가 부족한 작은 기업은 늘 마케팅에서 불리한 싸움을 하고 있다는 사실입니다.

시간이 지날수록 작은 기업에게 광고는 점점 더 어렵고 낯설며, 변화가 빠르고 복잡하여 따라잡기 힘든 일처럼 느껴집니다. 그 이유는 뉴미디어라고 불리는 광고 플랫폼들의 출현으로 다매체의 시대가 되면서 작은 기업의 마케팅 담당자가 혼자 컨트롤 하기에 관리 포인트가 너무 늘어났기 때문입니다.

지금의 광고 환경은 과거와 다릅니다. 국내 인터넷 사용자들은 네이버를 떠나 여러 플랫폼에서 시간을 보내고 있기에 이제는 '발견'이 전환을 만드는 시대입니다. 후발주자는 검색에서 기다리기보다 잠재고객에게 먼저 다가가야 하는 시대, 바로 도달 광고 기반의 타깃 마케팅의 시대로 접어든 지 오래되었습니다.

그러나 지금도 여전히 많은 광고주분들이 네이버 중심의 검색광고, 블로그 상위노출, 자동완성 키워드 작업 등에 집착하고 계십니다.

이 책은 제가 지난 10여년간 온라인 광고 대행사를 운영하며 체득한 노하우를 바탕으로 집필하였습니다. 매일경제신문 교육센터, 서울신용보증재단, 서울상공회의소 등에서 기업의 광고 담당자들과 CEO들에게 온라인 마케팅을 강의하고 실무 컨설팅을 진행하면서 얻은 실전 타깃 마케팅의 경험을 담았습니다. 이 도서는 실무자들이 배워야 할 실제 광고 옵션과 설정에 대해 다루지 않습니다. 독자께서 실무자이건, 의사결정자이건, 타깃 광고의 성과를 위하여 빠르게 체득하셔야 할 개념과 모든 타깃 광고의 근간을 이루는 핵심 내용만 모았습니다.

소득수준, 취향, 관심사, 지역, B2B 등의 타깃 광고를 2008년부터 진행하여 온 경험에 기반한 인사이트를 이 책에 녹여 냈습니다. 특히 타기팅 기반의 도달 광고를 제대로 이해하지 못해 수년째 비효율적인 광고 포트폴리오에서 벗어나지 못하는 분들에게 책을 통해 '이제는 광고에 대한 세계관을 바꿔야 할 때'라는 마지막 신호를 드리고자 합니다.

이 책이 여러분께 새로운 광고 관점을 제시하고, 더 나은 선택을 할 수 있는 힌트가 되어 주기를 바랍니다. 적은 광고비로도 '발견'되는 브랜드, 비싼 검색 광고 없이도 '기억'되는 브랜드를 만들고 싶은 분들께 이 책이 현실적인 가이드가 되기를 진심으로 기원합니다.

2025. 7 심진보 드림

| 목차 |

PART.1 도달 광고의 원리와 성공방정식

- 도달 광고란 무엇인가? - 검색이 아닌 발견을 유발하는 광고　15
- 우리는 하루 종일 타깃 광고에 둘러싸여 있다　17
- 검색 광고의 반대말 = 도달 광고　19
- 네이버 광고가 과거처럼 효과가 없는 이유　21
- 왜 도달 광고가 스타트업과 중소기업에 유리한가?　23
- 왜 도달 광고가 신개념, 신사업, 신제품에 유리할까?　25
- 신사업 론칭에 도달 광고가 필요한 이유　27
- 도달 광고의 법 제도적 제약을 알아야 한다.　28
- 진한 광고와 묽은 광고, 광고의 점성이란?　30
- 도달은 순차적으로 이루어짐을 이해하라　35
- 도달 광고 이해를 위한 필수 용어들　36

PART.2 비법 공개! 타기팅 기술과 알고리즘

- 어떻게 나를 타기팅 할 수 있을까?　43
- 내가 어디에 사는지를 어떻게 알까?　46
- 거주지로 추론 및 가능한 타기팅 전략　47
- 내가 어디를 여행하는지 어떻게 알까?　49

- 내 비즈니스의 지역성을 알고 있는가? 51
- 생활권과 상권을 알아야 성공할 수 있다 53
- 국내 타깃 광고에서 수도권의 의미는? 55
- 한국에 살면 한국인이라는 큰 착각 56
- 타깃 광고 설정에서 AI를 얼마나 믿어야 할까? 58
- 타깃 광고에 있어서 가장 중요한 것은 타깃이 아니다! 61
- 관심사 기반 정밀 타기팅이 불편하지는 않을까? 63
- 타깃의 결혼 유무가 왜 중요한가? 65
- 아이폰 유저와 안드로이드 유저는 무엇이 다른가? 67
- 타깃 광고, 최대한 분리하는 것이 정답인가? 68
- 타기팅은 좁히는 것이 아니라 구분하는 것 70

PART. 3 실전! 핵심 광고 실행 및 운영전략

- 타깃 광고를 잘하려면 비용을 집행해 보라! 75
- 꾸준히 업로드 하면 된다는 착각! 78
- 도달 광고 비용을 아끼는 비법 81
- 업종에 맞는 광고 포트폴리오가 중요하다 83
- 규모와 입지에 맞는 광고 포트폴리오가 중요하다 85
- 오버런은 위험하다, 매일 광고 설정을 점검하라 87
- 화폐 단위는 되도록 원(₩)을 사용하라 90
- 세로 포맷 9:16의 동영상은 당분간 비용적으로 유리하다 92
- 타기팅·크리에이티브·예산의 삼박자 균형 94
- 모든 것을 다 A/B 테스트할 수 없다
  직관과 A/B 테스트를 섞어라 96
- 플랫폼 컨설턴트들의 말을 얼마나 믿어야 할까? 98
- 보이면서 보이지 않는 광고, 유튜브 광고 설정 102
- AI를 어디까지 믿을 것인가? 105
- 광고 입찰 능력보다 데이터 해석 능력을 갖출 것 107

- 예산을 올렸더니 전환단가가 올라가고 성과가 나빠졌다?? **109**
- 연휴, 휴일의 광고 전략을 달리해야 하는 업종인가? **111**
- 우리는 수도권보다 지방 타깃 광고가 더 잘되는 것 같아요 **112**
- 광고 계정 해킹에 대비하라 **114**
- 새로운 타깃 광고 출현 시 선택의 기준 **116**
- 광고 계정 비활성화의 숨겨진 요인 - 운영자 **119**
- 클릭당 비용이 높다고 무조건 나쁜 광고인가? **121**
- 광고 피로도의 문제는 대부분 걱정할 필요가 없다 **123**
- 타깃 광고와 리타기팅 광고의 비중은 어떻게 가져가야 할까? **126**
- 타깃 광고 예산의 최소 집행 금액은 얼마? **129**
- 구독 경제 타깃 광고에 대해 **131**
- 네이버 카페 = 도달이 아닌 타깃 광고 **133**

PART. 4 최적의 콘텐츠와 크리에이티브 구성

- 사용자를 불편하지 않게 하는 광고란? **137**
- 글로벌 플랫폼들이 가장 경계하는 것? **139**
- 비활성화의 주요 원인 = 과장, 혐오, 검증되지 않은 주장 **141**
- 소기업의 경우, 광고 이미지 제작, 영상 제작은 어찌할까? **144**
- '무료'와 '할인'이라는 단어의 마법과 리스크 **146**
- 어그로를 끄는 광고는 오래가지 못한다 **147**
- 기획은 결국 페인포인트 공략! 가설을 검증하라! **149**
- 우리 제품은 명품이라 함부로 광고하면 안 된다?? **150**
- 호랑이는 죽어서 가죽을 남기는데, 실패한 광고는? **152**
- 광고 클릭률이 높은데 매출은 왜 나쁠까? **154**
- 광고 비활성화를 극복하는 비법 = '은유' **156**
- 댓글 관리를 광고 전략에 포함해야 하는 이유 **158**
- 여론에 따른 도달 광고 전략 **159**
- 여행용 샤워기는 어떻게 여행 필수품으로 자리 잡았나? **162**

- 단일 이미지, 멀티 이미지, 영상 광고,
  어떤 상황에 무엇을 써야 할까? 165
- 여러분의 주장은 새롭고, 발견되어야 한다 167
- 설문 형태의 타깃 광고에서는 주관식이 가장 중요하다 169

PART. 5 B2B 기업 타깃 광고의 이해와 최적화 전략

- B2B는 회사가 아니라 사람을 타기팅 해야 한다 175
- B2B 타깃 광고에서의 나이의 의미는? 178
- B2B 타깃 광고에서의 개인화의 의미는? 180
- B2C가 안되니 B2B를 하겠다?? 182
- B2B 조직에도 마케팅 전담자가 있어야 성과가 나온다 185
- 순서에 의한 접근을 뛰어넘는 B2B 타깃 마케팅 186
- 과거 B2B 전문잡지의 타기팅 영역이 온라인으로 진화 188
- B2B 영역에서 박람회의 부스 행사는 아직도 유효한가? 189
- 해외 B2B 타깃 광고의 핵심 - 링크드인 190
- 링크드인에서 영문 프로필 작성이 중요한 이유 194
- 링크등인의 타깃 광고와 프리미엄 기능 196
- 검색도 타깃 광고도 아닌 리드 너처링! 199

PART. 6 광고 세계관을 바꿔야 광고가 성공한다

- 타깃 광고는 업종 경험, 사회 경험,
  연륜이 있을수록 유리하다 203
- 인간은 경험에 몰입된다, 광고 선택도 마찬가지 206
- 마케팅은 아이템을 이길 수 없다 208

- 타기팅을 아무리 잘해도 비시즌은 시즌을 이기기 힘들다　210
- '매체 적합성'이라는 것이 항상 맞는 말일까?　211
- 타깃 광고는 역주행이 없다　214
- 브랜드 인지도 없는 광고주의 타깃 전략은?　216
- 당신은 네이버 중심의 광고 세계관을 갖고 있나요?　217
- 고객 경험 (Customer Experience, CX) 설계 능력이 중요하다　219
- 광고 관점을 사용자에서 광고주로 바꾸어라!　221
- 발명 말고, 발견! 제작 말고, 모방부터!　222
- 반대급부를 설계해야 매출이 나온다!　224
- 송출측정과 유입측정을 구분하라!　226
- 후처리 프로세스와 조직의 맨파워　229
- 팬, 구독자, 좋아요, 댓글이 여러분의 목표??　230
- 팬, 팔로워, 구독자를 늘릴 전략은 별도로 설계해야　231
- 모두가 스트라이커라면 축구가 될까??　233
- 정보의 최초 인지 수단으로 타깃 광고의 역할　236
- 유입보다 더 중요한 '이탈 방지' 전략　238
- 검색인가? 타깃 광고인가? 그 기준은?　239
- 검색 친화론자만 모인 광고 PT 현장　241
- 추세는 생명이다, 매일 익혀야 한다　243

부록: 찾아가는 마케팅 컨설팅 (무료)　247

PART. 1

도달 광고의
원리와
성공방정식

우리는 검색을 통해 정보를 찾으며 살고 있지만 브랜드의 입장에서 마냥 검색되기를 기다릴 수는 없습니다. 고객이 나를 찾지 않더라도 내가 고객에게 먼저 도달해야 하는 시대입니다. 도달 광고는 바로 이 관점에서 출발합니다. 도달 광고는 '발견을 유발하는 광고'이며 제대로 발견되기 위하여 타기팅이라는 기술을 사용합니다. 본 PART에서는 도달 광고라는 개념의 출발점부터 왜 이것이 기존의 검색 광고나 팔로워 기반의 인플루언서 마케팅과 본질적으로 다른지, 그리고 신사업·신제품·신개념 브랜드가 반드시 도달 방식의 광고에 주목해야 하는 이유를 다룹니다. 도달은 단지 노출이 아니라 시장과 고객을 만나는 새로운 방식입니다.

도달 광고란 무엇인가? – 검색이 아닌 발견을 유발하는 광고

지금 읽고 계신 이 책 옆에 여러분의 핸드폰이 있을 것입니다. 그리고 카카오톡이 설치되어 있을 것입니다. 이제 책을 잠시 내려두고 카카오톡을 열어 보시기 바랍니다. 가장 상단, 채팅 목록의 첫 줄 위에 네모난 광고가 떠 있는 것을 보셨을 겁니다. 지금 그 광고에는 어떤 내용이 담겨 있나요?

저는 방금 카카오톡의 채팅 목록 최상단 광고에서 '법인 장기 렌터카' 광고를 보았습니다. 왜일까요? 제가 사업을 하고 있다는 정보를 광고 플랫폼이 알고 있기에 저를 직업 기반으로 타기팅 했거나 예전에 제가 장기 렌터카 홈페이지를 방문했기 때문에 타기팅 된 것입니다. 여러분이 중장년층이라면 관절 건강식품이나 보험 광고가 나올 수 있고 여성이라면 화장품 광고, 젊은 남성이라면 운동 관련 제품이나 헬스 보충제 광고가 보였을지도 모릅니다.

흥미로운 점은 이 광고는 여러분이 검색창에서 검색하지 않았는데도 먼저 다가왔다는 점입니다. 오프라인에서 저의 강의는 이렇게 참석한 모든 사람이 카톡 최상단의 광고가 서로 다른 것을 확인하면서 시작합니다. 지금 집이나 직장이라면, 여러분의 가족과 동료의 핸드폰에서 카톡 최상단의 광고와 본인의 카톡 최상단의 광고를 비교해 보시기 바랍니다.

방금 여러분이 본 것이 바로 '도달 광고(Reach Ad)'입니다. 도달 광고는 우리가 검색하기 전에 먼저 우리를 찾아오는 광고입니다. 우리가 어떤 관심사를 가졌는지, 어떤 연령대에 속해 있는지, 어떤 행동 패턴을 보이는지를 분석한 뒤 알고리즘이 가장 적절한 대상과 타이밍과 공간에 타기팅 하여 광고를 도달시켜 주는 방식입니다.

카카오톡, 인스타그램, 유튜브, 페이스북, 네이버 등의 플랫폼에서 우리가 마주치는 많은 광고는 이 도달 방식으로 작동합니다. 중요한 것은, 이 광고들이 단지 '무작위로 뿌려지는 것'이 아니라는 사실입니다. 예를 들어 제 직업이 작은 법인의 대표일 것이라는 추론 정보를 기반으로 기업 대출이나 법인 렌터카 광고가 반복적으로 노출되는 것처럼 도달 광고는 타기팅(Targeting) 광고의 한 형태이며, 그 핵심은 '정확하게 누구에게 도달할 것인가'를 정의하는 데 있습니다.

그래서 많은 전문가들이 도달 광고를 '타깃 광고'라고 부르기도 합니다. 이 책에서는 카카오톡 최상단에 보이는 그런 류의 광고가 어떤 알고리즘을 거쳐 여러분에게 도달했는지, 어떤 기법들이 사용되었는지, 그리고 어떻게 하면 소규모 브랜드나 신사업도 그 도달 구조를 활용할 수 있는지를 하나씩 설명해 드릴 예정입니다.

검색으로부터 시작하지 않고도 발견을 만들어내는 광고, 그것이 바로 도달 광고입니다. 그리고 지금 이 순간 여러분의 손안에도 광고는 이미 도달해 있습니다.

우리는 하루 종일 타깃 광고에 둘러싸여 있다

앞서 카카오톡을 열어보며 최상단의 광고가 나에게 얼마나 개인화되어 도달하고 있는지를 확인하셨을 겁니다. 매번 카톡을 열 때마다 최상단 배너에 나타나는 광고는 단지 무작위로 배치된 것이 아닙니다. 여러분의 관심사, 연령, 성별, 지역, 소비 패턴까지 정밀하게 분석된 결과로 도달하는 것입니다. 그런데 이것뿐일까요? 그렇지 않습니다.

우리는 사실 타기팅 되는 도달 광고에 하루 종일 둘러싸여 있다는 것입니다. 아침에 네이버 앱을 열어 날씨를 확인하거나 뉴스를 읽을 때 여러분이 살고 있는 지역이나 최근 검색한 키워드에 맞는 광고가 화면 중간중간 등장합니다. 점심시간에는 중고 거래 앱 당근마켓을 열어 봅니다. 이때는 우리 동네 맛집이나 소상공인 매장의 광고가 당근마켓에 자연스럽게 나타납니다.

퇴근 후 잠시 쉬며 페이스북, 인스타그램, 틱톡을 스크롤 할 때도 상황은 같습니다. 팔로우한 친구들의 소식 사이로 노출되는 광고는 대부분 여러분이 최근에 반응한 콘텐츠에 맞춰 설계되거나, 여러분의 취향과 성별, 직업, 소득수준에 맞추어 노출되는 것들입니다. 유튜브는 더 명확한 예시입니다. 프리미엄 회원이 아니라면 보고 싶은 영상 앞에서 최소 5초 이상 광고를 보게 됩니다. 그런데 잘 들여다보면 그 광고들도 대부분 '내가 관심을 가질 만한 것'들입니다.

운동 관심자에게는 건강식품이나 스포츠 브랜드 광고가, 연애를 할 사람들에게는 소개팅 앱이, 여성에게는 화장품 광고가, 부모 연령에게는 유아용품이나 교육 콘텐츠 광고가 붙습니다. 뉴스 기사를 보러 언론사 웹사이트에 들어가도 마찬가지입니다. 기사 옆 광고창에는 며칠 전 검색해 본 여행지 항공권이 보이고 건강 기사 아래에는 건강기능식품이 놓여 있습니다. 쇼핑몰에서는 더 노골적입니다. 예를 들어 쿠팡에서 장바구니에 담아놓고 망설이던 제품이 있었다면 이후 네이버이든 유튜브이든 어디를 가도 계속 그 제품 광고가 따라붙습니다. 마치 누군가가 내 고민을 알고 쫓아다니는 것처럼 느껴질 것입니다.

이처럼 우리는 아침에 눈을 뜨는 순간부터 밤에 휴대폰을 내려놓기 전까지 끊임없이 타기팅 된 도달 광고의 노출을 받고 있습니다. 하지만 대부분의 사람은 그걸 '광고'로 인식하지 못하고 단순히 '신기하다' 라거나 '귀찮다' 정도로만 반응해 왔습니다.

하지만 여러분은 지금 이 책을 읽고 계십니다. 광고하는 입장, 즉 '광고주'의 시선에서 도달 광고를 마주하기 위해서입니다. 그렇다면 이제는 '귀찮다'는 소비자의 시선이 아니라 '이런 광고를 나도 할 수 있겠구나!'라는 광고주의 관점으로 이 광고들을 바라보아야 할 때입니다. 도달 광고는 여러분의 브랜드가 발견되고 기억되게 만드는 실질적 전략입니다.

검색 광고의 반대말 = 도달 광고

도달 광고를 가장 쉽게 설명하는 방법은 검색 광고의 반대말로 이해하는 것입니다. 검색 광고는 사용자가 자신의 의지로 당장의 필요에 의해 검색했을 때 노출되는 광고입니다. 예를 들어보겠습니다. 등산을 좋아하는 사람이 이번 주말에 산행하러 가기로 했고, 마침 등산화가 낡아서 새로 사야겠다고 생각했습니다. 이 사람은 네이버에 '등산화'를 검색할 것입니다. 그러면 검색 결과 페이지 최상단에는 파워링크 형태의 검색 광고가, 그 아래에는 네이버 쇼핑의 상품광고가 쭉 뜨게 됩니다.

이처럼 검색 광고는 '지금 사고 싶은 사람'이 자발적으로 행동하는 순간에 노출되기 때문에 구매 전환율이 매우 높습니다. 즉, 검색 의도와 구매 의도가 거의 일치합니다. 그래서 검색 광고와 쇼핑 검색 광고는 퍼포먼스 측면에서 보면 가장 전환이 높은 광고 유형으로 꼽힙니다.

하지만 그만큼 단점도 분명합니다. 바로 비용입니다. 네이버의 키워드 광고는 국내에서 경쟁이 치열한 광고 중 하나이며 클릭 단가 또한 매우 높습니다. 가장 비싼 광고입니다. 특히 '등산화', '건강검진', '피부관리', '법무법인', '성형외과'처럼 상업성이 강한 키워드의 경우, 클릭 한 번에 수천 원에서 수만 원까지도 책정됩니다. 아무리 예산이 많은 광고주라도 네이버의 클릭당 광고비용이 부담된다고 말합니다. 대부분의 실무 미팅에서 네이버 클릭당 광고비용을 일정 금액 아래로 설정하고, 하루예산도 일정금액 아래로 제한할 것을 요청받습니다.

더구나 광고 예산이 제한적인 중소기업이나 자영업자 입장에서는 검색 광고만으로는 충분한 노출을 확보하기 어렵습니다. 그래서 이때 필요한 전략이 바로 도달 광고, 즉 타깃 광고를 검색 광고와 함께 믹스하는 전략입니다. 도달 광고는 사용자가 직접 검색을 하지 않아도 그 사람이 어떤 관심사를 가졌는지, 어떤 연령대이며 어떤 행동을 플랫폼 내에서 했는지를 기반으로 광고가 먼저 찾아가는 방식입니다.

예를 들어 등산화 판매업체라면 네이버에 키워드 광고를 집행하는 동시에, 인스타그램이나 유튜브에서 등산 관심 자료 사전에 분류된 인구 타깃에게 이미지나 영상 광고 형태로 도달 광고를 집행할 수 있습니다. 물론 도달 광고는 검색 광고보다 전환율이 낮을 수 있습니다. 당장 필요해서 검색한 사람이 아니기 때문입니다. 하지만 비용은 훨씬 저렴하고 브랜드 인지도와 관심을 쌓기에 효과적이며 아직 검색하지 않은 사람에게 먼저 다가갈 수 있다는 점에서 전략적으로 매우 중요한 광고입니다.

검색 광고와 도달 광고는 대립적인 개념이 아니라 상호 보완적입니다. 지금 당장 필요해서 검색하는 사람은 검색 광고로 잡고, 아직 필요성을 명확히 인식하지 못했지만 관심은 가지고 있는 사람은 도달 광고로 만나는 구조로 설계하여, 두 가지 형태의 광고를 업종과 규모에 맞게 적절하게 섞는 전략이 현명한 광고의 시작이며 이 책이 주장하는 바입니다.

네이버 광고가 과거처럼 효과가 없는 이유

많은 광고주들이 최근 수년간 첫 미팅에서 자주 하는 말이 있습니다. "광고 성과가 예전 같지 않아요. 네이버 광고가 예전만큼 성과가 안 나옵니다." 이 말이 사실인지, 그렇다면 그 이유는 무엇인지 고민해 본다면 가장 먼저 눈에 띄는 건 광고 포트폴리오의 구성이 변화된 현실과 다르게 여전히 과거에 머물러 있다는 점입니다.

실제로 많은 중소기업과 소상공인이 아직도 '키워드 광고'만을 돌리거나, '블로그 포스팅' 위주로 운영하거나, '최적화 블로그를 활용한 상위 노출'에만 의존하는 방식으로 광고를 집행하고 있습니다. 어떤 경우에는 키워드 광고, 블로그 운영, 블로그 상위노출 세 가지를 적절히 섞어서 나름의 전략처럼 활용하고 있기도 합니다. 그러나 이런 조합은 결국 한 가지 공통점을 가집니다. 바로 광고의 무게중심이 네이버 검색에 지나치게 쏠려 있기 때문에 더 이상 성과가 나오지 않는다는 것입니다.

물론 네이버는 여전히 국내에서 영향력 있는 플랫폼 중 하나입니다. 그러나 중요한 질문을 던져볼 필요가 있습니다. '당신은 여전히 예전만큼 네이버를 자주 사용하고 계신가요?' 광고주인 여러분이 이 질문을 들었다면 사용자로서의 자신을 떠올려 보시기 바랍니다. 과거처럼 모든 정보를 네이버에서만 검색하고 계신가요? 아마 많은 분들이 이렇게 답할 것입니다. "예전보다는 확실히 덜 써요. 요즘은 유튜브로도 검색하고, 인스타그램에서 리뷰를 더 많이 보기도 합니다."

바로 이것이 핵심입니다. 광고주인 당신과 소비자인 당신은 다르지 않다는 점. 그런데 우리는 광고를 기획할 때만 되면, 여전히 익숙한 네이버에 모든 예산을 집중합니다. 이유는 단순합니다. 익숙하니까, 과거에 성과가 있었으니까, 지금도 괜찮을 거라는 믿음 때문입니다. 하지만 플랫폼의 사용자 행동은 이미 달라졌고 이 변화는 이제 되돌릴 수 없습니다.

특히 젊은 세대일수록 정보 탐색의 시작점은 점점 '네이버 밖'으로 이동하고 있습니다. 유튜브, 인스타그램, 카카오, 틱톡, 구글 등 다양한 채널에서 소비자는 이미 브랜드를 만나고 경험하고 신뢰를 쌓고 있습니다. 이 흐름에서 벗어나지 않고 '과거의 조합'만을 반복한다면 광고 효과가 떨어지는 건 어쩌면 당연한 결과입니다.

광고는 결국 '고객이 있는 곳'에 있어야 합니다. 고객이 네이버보다 더 많은 시간을 보내는 채널이 있다면 우리의 광고 예산도 자연스럽게 그쪽으로 이동해야 합니다. 그래서 다시 묻습니다. 네이버 광고의 성과가 예전 같지 않다고 느끼신다면, 혹시 그 이유는 네이버라는 플랫폼이 영향력이 줄어든 것뿐만 아니라 여러분의 광고 전략이 여전히 과거에 머물러 있기 때문은 아닐까요?

관성이라는 것은 항상 비효율을 유발합니다. 익숙한 것을 계속 붙잡는 대신, 새로운 소비 흐름을 이해하고 거기에 맞는 포트폴리오를 구성하는 것이 지금 필요한 광고 전략입니다. 네이버는 여전히 중요한 플랫폼입니다. 그러나 '전부'여서는 안 됩니다. 그리고 앞으로는 더욱 그러합니다.

왜 도달 광고가 스타트업과 중소기업에 유리한가?

많은 스타트업, 중소기업 광고주가 이야기합니다. "키워드 광고는 정말 딱 돈 쓰는 것만큼만 성과가 나오는 것 같아요. 손 떨려서 키워드 광고를 못 하겠어요." 사실입니다. 대부분의 검색 광고는 광고주들끼리 경쟁하게 되어 있고, 상대방보다 1순위라도 높게 노출되기 위해서는 경쟁자보다 10원이라도 더 입찰해야 합니다.

그러나 더 큰 문제는 이러한 경쟁입찰 방식의 검색 광고는 대부분의 경우 상대방의 입찰가를 알 수 없다는 점입니다. 이 불확실성 때문에 불안함을 느끼고 결국 노출이 보장되는 높은 입찰가를 스스로 설정하게 됩니다. 그렇게 되면 광고비는 자연스럽게 커질 수밖에 없습니다. 더욱이 이 경쟁에서 이기기 위해서는 단 50자 내외의 키워드 문구 안에서 차별화를 이루어야 합니다.

하지만 현실적으로 50자 내외의 키워드로는 큰 차별화를 만들기 어렵습니다. 반면 도달 광고는 구조 자체가 다릅니다. 대부분의 도달 광고는 광고소재로 텍스트뿐만 아니라 영상과 이미지를 사용할 수 있습니다. 예산이 부족하다면 영상과 이미지에 더 노력하여 고객을 설득하면 됩니다. 키워드 광고처럼 50자로 설득하는 것이 아닙니다. 게다가 도달 광고는 소비자들이 좋은 반응을 보이는 영상과 사진 같은 광고 소재에 '가산점'을 주는 제도가 있습니다. 보통 '최적화 점수'라고 불리는 이 광고 가산점은 키워드 광고에서도 일부 적용되지만 큰 차이가 없는 반면, 유튜브, 페이스북, 인스타그램, 틱톡, 카카오 등의 도달 광고에는 매우 큰 편차가 발생하여 광고를 잘 만들면 경제적인 포인트에서 매우 중요하게 작용합니다.

즉, 일반적인 경우에 100명에게 도달될 광고라도 영상 퀄리티나 반응이 좋으면 200명에게 도달될 수 있습니다. 동일한 광고비를 쓰더라도, 광고 소재가 좋고 반응이 뛰어나면 경쟁자보다 훨씬 더 많은 노출과 도달을 가져올 수 있는 구조입니다. 광고비를 많이 쓸 여유는 없지만 더 참신한 아이디어와 콘텐츠를 만들 수 있다면 그것이 곧 경쟁력이 됩니다.

돈이 아니라 노력과 기획력으로 극복할 수 있는 가능성이 더 많은 것, 그것이 바로 도달 광고입니다. 여러분이 중소기업, 중견기업, 자영업을 한다면 대기업에 비해 예산이 부족할 수밖에 없습니다. 그러나 부족한 광고 예산으로도 승리할 수 있는 공식이 도달 광고에는 있습니다. 그렇기 때문에 더더욱 도달 광고에 집중해야 합니다. 도달 광고는 아직 '개천에서 용이 나올 수 있습니다.'

왜 도달 광고가 신개념, 신사업, 신제품에 유리할까?

앞서 도달 광고는 광고 예산이 적은 중소, 중견기업, 스타트업에 유리하다고 말씀드렸습니다. 예산이 부족하여도 노력으로 극복할 수 있는 포인트가 많기 때문입니다. 또 한 가지 유리한 영역이 있습니다. 대기업이건 소기업이건, 비영리 기관이건 유리한 것은 새로운 사업, 새로운 개념의 제품과 서비스를 홍보할 때 검색 광고보다 도달 광고입니다.

 그 이유는 사람들이 모르는 새로운 개념의 비즈니스를 홍보하기 위해서는 새로운 인지를 자극하여 수요를 끌어내야 하기 때문입니다. 즉 다시 말하면 신사업과 신제품은 그러한 사업과 제품과 비즈니스가 있다는 사실을 일단 알아야 소비가 가능합니다. 즉, 발견이 소비를 만들어내는 영역이라 반드시 소비자에게 새로운 개념을 알려야 하는 신개념, 신사업, 신제품에는 도달 광고가 유리합니다.

 예를 들어 어떤 기업이 불면증 치료를 위하여 수면에 도움이 되는 APP을 세계 최초로 개발하여 해당 APP을 켜고 10분만 사용하면 잠이 잘 들 수 있다고 가정해 보겠습니다. 이러한 APP을 개발한 업체는 초기에 홍보를 어떻게 해야 할까요?

 우선 우리가 가장 많이 고려하는 네이버를 생각해 보면, 네이버에 '잠이 잘 오는 APP' 이라고 검색하는 사람들이 있을까요? 그러면 '잠이 잘 오는 APP' 이라는 키워드에 입찰하면 우리의 APP 설치자가 늘어날까요? 지금까지 잠을 잘 자지 못하는 사람들이 주로 검색하는 키워드는 어떻게 될까요? 이런 사람들은 주로 '불면증'이라는 키워드로 검색하게 됩니다.

그러면 네이버에서 '불면증'이라는 키워드로 검색하면 이러한 APP을 개발한 업체는 어떤 경쟁자와 경쟁해야 할까요? 정신과, 한의원, 침대회사 등 광고비를 많이 집행 중인 수많은 경쟁자와 싸워야 할 것입니다. 그런데 스타트업이 광고비를 많이 들이면서 검색 광고에서 수많은 경쟁자와 싸우는 것이 효율적일까요?

아니면 도달 광고를 이용하여, 불면증에 시달릴지도 모르는 사람들에게만 타기팅 하여 불면증을 APP으로도 해결 가능하다는 메시지를 전달하는 광고를 해야 할까요? 어떤 것이 더 성공적일까요?

지난 10여년간 유행해 온 페이스북, 인스타그램, 유튜브, 틱톡, 쇼츠, 릴스 광고와 같은 도달 광고에서 히트한 상품들의 예를 들어보겠습니다. 이들의 특징은 대부분 새로운 문제 해결 방법과 소비를 도달 광고로 세상에 처음으로 알렸다는 특징이 있습니다.

예를 들어 마시는 링거라는 개념을 만들어낸 의사가 만든 음료수 '링티', 허리를 편안하게 하는 작은 보조 의자 '커블체어', 기존의 침대보다 얇고 작은 부피의 메트리스 '몽제'는 모두 다 세상에 새로운 개념을 처음으로 세상에 내어놓고, 도달 광고로 성공한 사례입니다. 이러한 제품들의 특징은 새로운 개념이기 때문에 초기에 네이버에서 승부를 보지 않고 페이스북, 인스타그램, 유튜브 등의 도달 광고를 선택하였습니다.

그리고 가격에 민감한 구매자들이 많은 소셜커머스, 오픈마켓으로 제품을 판매하지 않고 D2C 즉, Direct to Customer 방식으로 고객에게 직접 자사 몰을 통해서 판매한 경우들입니다. 즉 도달 광고를 통하여 제품과 서비스의 개념을 인지시키고 그를 통하여 고객의 니즈를 발생시켜서 새로운 개념의 소비까지 발생시킨 케이스입니다.

현재 여러분의 상황이 신제품과 신사업, 새로운 개념을 시장에 설파하셔야 하는 경우라면, 도달 광고부터 먼저 고려해 보시기 바랍니다.

신사업 론칭에 도달 광고가 필요한 이유

개별 신제품뿐 아니라 회사에 새로운 부서가 설립되고 회사나 부서 단위의 신사업 론칭에도 타깃 광고가 잘 어울립니다. 고객과 파트너들이 여러분의 신사업을 발견해야 하기 때문입니다.

그렇다면 알려야 할 텐데 알리는 데에는 타깃 광고, 도달 광고가 유리할 것입니다. 세상에 알려지지 않은 것을 검색부터 시작할 수가 없을 것입니다. 여러분의 부서에서 좋은 아이템을 만들고, 훌륭한 서비스를 준비했다 해도, 세상이 그것을 알아주지 않으면 아무 일도 일어나지 않습니다.

예를 들어 여러분의 회사가 A라는 교육 업체인데 지금까지 초등학습 분야에서만 비즈니스를 해왔다고 가정할 때, 소비자들은 여러분의 회사를 초등 교육 업체로만 인지할 것입니다. 만약 도달 광고 없이 중등교육 사업을 론칭 한다면 시장의 반응은 없거나, 'A는 초등교육업체 아닌가? 뭐지?'라는 의문으로 끝날 것입니다. A 기업의 신사업 부서인 중등교육부서는 우선 기존의 학부모에게 '중등교육도 역시 A와 함께'라는 메시지를 기획해서 도달시키는 것으로 마케팅 계획을 세우는 것이 가장 적합한 전략일 것입니다.

도달 광고는 내가 원하는 고객에게 내 브랜드나 제품을 먼저 보여주는 방식입니다. 일종의 '먼저 손 내미는 광고'라고 볼 수 있습니다. 검색은 어디까지나 '이미 알고 있는 것', 또는 '필요하다고 느끼는 것'에서 출발합니다. 신사업은 아직 사람들의 인식 속에 자리를 잡지 못했기 때문에 검색이 아닌 도달의 비중을 높여서 시작해야 합니다.

도달 광고는 잠재 고객이 관심을 가질 만한 영역에서 먼저 노출되며, '발견'이라는 경험을 만들어줍니다. 이는 마치 길을 걷다 우연히 본 흥미로운 팝업스토어처럼, 소비자의 일상에 자연스럽게 침투하며 새로운 관심을 유도합니다. 신사업이 주목받기 위해서는 기존의 인지에 더하여 이런 '우연한 발견'을 의도적으로 만들어서, 증폭시켜야 합니다. 그것이 가능한 방법이 기존 고객 타깃 기반의 도달 광고입니다. 결국 신사업의 초기 마케팅은 '존재의 재증명'부터 시작됩니다.

도달 광고의 법 제도적 제약을 알아야 한다.

모든 광고에는 대부분 법, 제도적 제약과 플랫폼 자체의 제약이 있습니다. 대표적으로 의료와 금융, 보험 등의 광고는 국내의 법 제도적 제약이 있습니다. 금융감독원이나 보건복지부에서 사전

허가를 받지 않은 광고는 불법으로 규정하고 있고, 미허가 광고가 발견될 시에 경고, 벌금, 영업정지 등의 규제를 두고 있습니다.

그래서 네이버나 카카오와 같은 국내의 대형 플랫폼은 국내법 제도에 맞게 유관 단체에 받은 심의 번호를 광고시안 업로드와 함께 시스템에 입력하도록 하고 있습니다. 예를 들어 병의원이면 대한의사협회, 의료기기라면 한국의료기기산업협회에서 심의받아야 합니다. 보험 광고의 경우는 생명손해보험협회의 심의를 받아야 합니다.

그러나 페이스북, 인스타그램, 구글, 유튜브 등의 글로벌 플랫폼은 금융, 의료 광고라고 하여도 심의 번호를 입력하는 제도가 없습니다. 전 세계 모든 국가에 진출해 있다 보니, 모든 나라가 각각 법 제도가 다른데 모든 경우를 수용하게 시스템을 만들어두지 않았습니다. 따라서 페이스북, 인스타그램, 유튜브, 틱톡 등의 글로벌 플랫폼 광고는 국내의 특정 업종에 사전 광고 심의 제도와 무관하게 광고가 가능합니다.

제가 많은 질문을 받는 것은 그러면 금융, 의료 광고를 심의 없이 도달 광고를 해도 되냐는 것입니다. 분명히 아셔야 할 것은 광고가 가능한 것과 위법한 것은 다른 것입니다. 기능적으로 광고는 가능합니다. 그러나 누구인가 광고 중인 것을 캡처하여 민원을 넣으면 그것은 법적 문제가 됩니다.

그러면 여기서 현실적으로 고민할 것은 현재 업계가 어떠한지, 대부분 법 제도를 위반하면서 일정 부분 광고하는지, 그리고 행정 처분이 강하지 않은 것인지, 아니면 영업면허가 걸린 일이라 대부분 심의 없는 광고는 하지 않는 것인지를 잘 판단해야 합니다.

사실 국내에서는 심의가 없이 일단 광고가 가능하다는 이유로 도달 광고를 집행하는 경우도 많이 있는 것이 사실입니다. 그리고 비심의 광고로 각 직업 단체의 내부 갈등도 많습니다. 어느 정도 선을 지킬지 잘 구분하고 판단하여 광고를 집행해야 합니다.

진한 광고와 묽은 광고, 광고의 점성이란?

광고의 성과를 이야기할 때 우리는 보통 '노출 수'나 '클릭 수'를 기준으로 생각합니다. 그러나 진짜 많은 광고주들이 놓치는 중요한 요소는 따로 있습니다. 바로 광고의 점성입니다. 점성이란, 광고를 통해 유입된 고객이 얼마나 '끈적하게' 우리 브랜드와 관계를 맺는가를 의미합니다. 동일한 온라인 광고 클릭의 유입이라 해도 어떤 광고는 홈페이지에 오래 머물고 여러 페이지를 둘러보다가 문의나 구매로 이어지기도 하지만, 어떤 광고는 클릭하자마자 3초 만에 이탈해 버리기도 합니다. 이 차이가 바로 광고의 점성에서 비롯됩니다.

우리가 일상에서 마주치는 액체를 떠올려 보시기 바랍니다. 물, 식용유, 꿀, 술, 휘발유 모두 같은 액체지만 점성은 다릅니다. 꿀은 천천히 흘러내리고, 휘발유는 한순간에 증발해 버립니다. 광고도 이와 같습니다. 모두 '트래픽'이라는 형태로 들어오지만, 머무는 방식과 전환으로 이어지는 가능성은 천차만별입니다. 단지 광고라는 이유로, 모든 채널을 동일한 기준에서 평가하고 집행하는 것은 꿀과 휘발유를 그냥 '액체'로만 취급하는 것과 같습니다.

그렇다면 점성이 가장 높은 광고는 무엇일까요? 단연 네이버 키워드 광고입니다. 검색 광고는 사용자가 자발적으로 상품이나 서비스에 대한 욕구를 느끼고, 능동적으로 검색한 결과입니다. 즉, 그 유입은 명확한 '의도'를 가지고 있기에 전환 가능성이 매우 높습니다. 클릭당 비용이 2만~3만 원을 넘는 경우도 많지만, 그만큼 전환율은 탁월합니다. 네이버 플레이스 광고(지도 광고) 또한 비슷한 성격을 가집니다. 누군가가 내 업종의 키워드를 검색하고 지도에서 위치를 확인했다면, 이미 절반 이상은 결정을 한 셈입니다.

하지만 문제는 키워드 광고가 확장성에는 한계가 있다는 것입니다. 검색량이라는 것은 기본적으로 고정된 횟수이며, 그 한정된 검색량을 여러 업체가 경쟁해서 나눠 갖는 구조입니다. 아무리 광고비를 많이 써도 검색이 적거나 치열한 키워드에선 클릭이 많이 나오지 않습니다. 또한 경쟁이 치열해질수록 클릭당 비용은 계속 오르기 때문에 효율적인 확장에는 한계가 있습니다.

그다음으로 점성이 중간 정도인 광고매체들이 있습니다. 인스타그램, 페이스북, 카카오와 같은 주로 이미지 기반의 배너와 소셜미디어 광고입니다. 이들은 타깃의 관심사, 취향, 연령, 직업 등을 AI가 예측하여 광고를 노출합니다. 클릭당 단가는 보통 1,000원 이하로 저렴하며, 도달 수는 많고 노출도 폭넓게 이루어집니다.

다만 검색 의도가 아닌 소비 패턴, 취향, 관심사를 기반으로 하는 만큼 클릭률이나 전환율은 상대적으로 낮습니다. 하지만 이 광고의 특징은 인지 증대와 브랜드 인상 강화가 가능하고 일부 직접 전환이 가능하다는 점입니다. 실제로 많은 기업들의 홈페이지 로그를 분석해 보면, 이러한 배너 광고를 통해 유입된 유저들의 체류 시간은 짧고 이탈률은 높지만 한 달 이상 장기적으로 보면 브랜드 검색량이나 재방문율이 서서히 증가하는 경향을 보입니다.

그리고 무엇보다 이 광고들은 운영자의 역량에 따라 성과 차이가 가장 크게 벌어지는 매체이기도 합니다. 광고 소재의 완성도, 타깃 설정의 정밀함, 랜딩페이지의 설계 등이 성패를 좌우하며 큰 차이가 나기도 합니다. 또한 제가 여러 광고주의 광고 계정과 홈페이지 로그 분석을 열어서 직접 분석해 본 경험으로 말씀드리면 이미 브랜딩이 된 업체들은 이 광고들의 성과가 엄청난 효율이 있는 경우가 많습니다. 예를 들어 여러분이 지역에서 운동화 판매 광고를 인스타그램으로 하는 것과 이미 성장한 나이키가 인스타그램으로 광고하는 것은 엄청난 광고 효율의 차이가 있습니다. 1위 기업일수록 더 유리합니다. 브랜드 파워가 적을 때는 기회로 작용하고, 우리가 브랜드 파워가 생기면 비용 대비 효과가 더 커지는 것이 도달 광고의 특성입니다.

점성이 가장 낮은 광고는 영상 광고입니다. 유튜브, 쇼츠, 틱톡, 릴스등의 유료 광고는 가장 강력한 도달력을 가졌습니다. 불특정 다수에게 매우 낮은 단가로 노출이 가능하며 1뷰당 20~30원 수준에서 매일 수천~수만 명의 시청자를 확보할 수 있습니다. 그러나 직접 구매 전환까지 연결되는 경우는 앞서 소개한 광고들보다 낮습니다.

하지만 이 광고의 강점은 '리치(Reach)', 즉 도달입니다. 광범위한 인식 확산과 감정적 연결을 만들어낼 수 있다는 점에서 영상 광고는 브랜드 자산을 쌓으며 매출을 만드는 것에 효과적입니다. 영상 광고를 하면, 브랜드 네이밍의 네이버 검색량이 상당히 늘어나는 것을 목격할 수 있습니다. 검색량의 증가는 광고 성과 전반에 있어서 상당히 긍정적으로 작용하게 됩니다.

이처럼 각 광고는 '클릭'이라는 같은 단위를 가지고 있지만 실제로 소비자들의 브랜드 인지에 남는 잔상과 전환의 질은 매우 다릅니다. 점성이 진한 광고는 적게 보여도 직접 전환이 있으며, 점성이 약한 광고는 많이 보여도 휘발성이 있어 쉽게 날아갑니다. 그렇기에 광고 전략을 세울 때는 단순히 '비용 대비 클릭 수'만 보지 말고 각 광고의 점성, 즉 유입 이후의 행동 패턴을 분석하고 포트폴리오를 구성해야 합니다. 이 점성을 이해하고 활용하는 안목이 필요합니다. 문제는 점성이 약한 광고를 배제하면 안 된다는 것입니다. 일부 광고주들의 점성이 낮은 광고를 무조건 배제하는 전략은 매우 위험한 선택입니다.

광고의 점성에 대해 이해했다면, 이제 중요한 한 가지를 덧붙여야 합니다. 점성이 다르기 때문에 각 광고는 '다른 역할'을 하며 서로 다른 역할을 잘 조합해 포트폴리오를 구성하는 것이 광고 성과를 결정짓는 핵심이라는 사실입니다.

앞서 이야기했듯 점성이 가장 높은 키워드 광고는 전환 중심의 핵심 도구입니다. 이 광고는 구매 혹은 방문 직전에 있는 고객에게 도달하여 '결정'을 끌어내는 데 탁월합니다. 하지만 이 광고는 도달 범위가 한정적이고 클릭당 비용이 많이 들기 때문에 모든 예산을 여기에만 집중할 수는 없습니다. 그래서 이 광고는 포트폴리오 내에서 '전환 최전선' 역할, 즉 구매나 예약이라는 직접적 행동을 유도하는 '마무리 역할'을 담당해야 합니다.

반면, 점성이 중간인 이미지형 배너 광고는 타깃의 관심사 기반으로 노출되기 때문에 직접 전환보다는 브랜드 인지도를 높이거나 소비자의 머릿속에 브랜드를 각인시키는 역할에 더 적합합니다. 클릭률은 낮을 수 있지만 도달량이 많고 인지도 확산에 매우 유리합니다. 이 광고는 '사전 포지셔닝' 역할, 즉 고객이 나중에 검색이나 방문하게 될 '배경 환경'을 만들어주는 장치입니다.

가장 점성이 낮은 영상 광고는 즉각적인 반응은 약하지만 대중적 도달력과 감정적 설득력이 뛰어납니다. 브랜드의 세계관을 구축하거나 감성을 전달하고 넓은 층의 주의를 끌기에 효과적입니다. 이 광고는 '인지 확대와 브랜드 구축' 역할, 즉 먼 거리에서 브랜드를 알려주는 '선제적 접점'의 역할을 합니다.

이처럼 각각의 광고는 점성의 차이로 인해 목적과 역할이 다릅니다. 그래서 광고는 단일 채널의 효율만 따질 것이 아니라 각 매체의 역할을 고려한 입체적인 포트폴리오로 구성해야 합니다. 고점성 광고는 실적을 끌어내는 데 쓰고, 중간 점성 광고는 브랜드 인지를 쌓고, 저점성 광고는 시장 전체에 브랜드의 존재감을 퍼뜨리는 데 활용해야 합니다.

많은 기업들이 예산을 효율적으로 쓰기 위해 '가장 전환율 높은 광고만 쓰겠다'는 선택을 하지만, 이는 마치 농사에서 물만 주고 햇빛과 거름은 배제하겠다는 말과도 같습니다. 전환은 갑자기 생기는 것이 아니라, '인지-관심-탐색-신뢰-구매-추천'이라는 일련의 흐름 속에서 만들어지기 때문에 광고 역시 이 여정을 단계별로 설계할 수 있어야 합니다.

광고란 점성이 다른 매체들을 조화롭게 연결하여 하나의 설득 경로를 만드는 일입니다. 진짜 광고 전략은 단순히 가장 진한 것에만 투자하는 것이 아니라 서로 다른 점성을 가진 광고들을 목적에 맞게 배열하고 그 조합을 통해 고객의 여정을 촘촘히 설계하는 것입니다. 이것이 바로 실력과 경험이 있는 마케터가 설계하는 광고 포트폴리오의 차별화된 힘입니다.

도달은 순차적으로 이루어짐을 이해하라

도달 광고를 효과적으로 활용하기 위해서는 먼저 '도달은 순차적으로 이루어진다'는 원리를 이해하는 것이 중요합니다. 이 개념을 보다 쉽게 설명해 드리기 위해 하나의 예시를 들어보겠습니다.

여러분께서 경기도 용인에서 식당을 운영하고 계신다고 가정해 보겠습니다. 용인의 인구는 약 100만 명이며, 여러분의 목표는 이 100만 명 모두에게 식당 광고를 한 번씩 노출시키는 것입니다.

이제 광고 예산을 100만 원으로 잡고, 1명에게 광고를 한 번 노출시키는 데 1원이 든다고 가정해 보겠습니다. 또 하루에 1만 원의 예산을 집행하신다고 가정해볼까요? 그렇다면 첫째 날에는 1번부터 1만 번째 시민까지 광고를 보게 됩니다. 둘째 날에는 1만1번부터 2만 번째 시민까지, 이렇게 매일 1만 명씩 광고가 노출되면서, 100일이 지나면 비로소 용인 시민 전체가 한 번씩 광고를 접하게 되는 구조입니다.

그렇다면 하루에 100만 원의 예산을 집행하면 어떻게 될까요? 단 하루 만에 100만 명 모두에게 광고가 노출됩니다. 이처럼 광고 예산이 많을수록 더 짧은 시간 안에 더 많은 사람에게 도달할 수 있는 것입니다. 대기업이 빠른 광고 효과를 낼 수 있는 것도 이 때문입니다.

이러한 광고의 구조를 이해하면 도달 광고의 핵심 원리를 파악할 수 있습니다. 광고가 동시에 모든 사람에게 전달되는 것이 아니라, 예산에 따라 시간차를 두고 순차적으로 노출된다는 점을 이해하는 것이 매우 중요합니다. 즉, 먼저 광고를 보는 사람과 나중에 보는 사람 사이에는 시간적 차이가 존재하고, 이 시간 차가 마케팅의 성과에도 영향을 줄 수 있다는 점을 염두에 두셔야 합니다.

따라서 도달 광고를 집행할 때는 '얼마나 많은 사람에게 보이느냐'만큼이나 '얼마나 빨리 보이게 할 것이냐'도 중요한 전략 포인트가 됩니다. 이처럼 도달은 단순한 숫자의 개념이 아니라, 순서와 시간이라는 맥락을 함께 고려해야 제대로 활용할 수 있는 광고 방식임을 기억해 두시기 바랍니다.

도달 광고 이해를 위한 필수 용어들

리타기팅(Retargeting)

리타기팅은 한 번 우리 사이트에 방문했지만 구매하지 않은 사람들에게 다시 광고를 보여주는 방식의 광고입니다. 예를 들어 여러분이 쿠팡에서 물건을 사려 다가 사지 않으면, 그 제품이 계속 여러분을 따라붙는 걸 경험하신 적이 있을 것입니다. 이것이 바로 리타기팅입니다. 웹사이트 리타기팅과 함께 동영상 리타기팅도 있는데, 우리 영상을 100% 재생한 사람에게만 재광고할 수 있습니다. 예를 들어 건성피부 화장품 영상을 100% 재생한 사람은 건성피부일 것이므로 건성피부에 대한 광고를 리타기팅 하는 것이 효과적입니다.

전환(Conversion)

광고를 통해 사용자가 광고주가 원하는 행동(예: 구매, 예약, 회원 가입 등)을 했을 때, 이를 '전환'이라고 부릅니다. 광고를 클릭만 하고 아무 행동도 하지 않으면 전환이 없는 것이고, 광고를 보고 상담 신청을 했다면 그것이 하나의 전환입니다. 전환은 광고주가 정의하기 나름입니다.

페이드 리치(Paid Reach)

페이드 리치는 '돈을 내고 광고를 보여준 사람 수'를 뜻합니다. 예를 들어 인스타그램 광고를 집행해서 5천 명이 광고를 봤다면, 그 5천 명이 페이드 리치입니다. 유료로 광고를 통해 도달한 사람 수, 즉 '노출 대상'이라고 보면 됩니다.

오가닉 리치(Organic Reach)

오가닉 리치는 페이드 리치의 반대 개념입니다. 광고비 없이 자연스럽게 콘텐츠를 본 사람 수입니다. 예를 들어 병원 원장이 올린 유튜브 영상이 입소문을 타서 광고 없이도 1만 명이 봤다면, 그 1만 명이 오가닉 리치입니다. 광고 없이도 퍼지는 콘텐츠의 힘을 보여주는 지표입니다.

빈도(Frequency)

빈도는 한 사람이 평균적으로 광고를 몇 번 보았는지를 의미합니다. 예를 들어 광고가 10번 노출되었고 실제 본 사람은 2명이면 빈도는 5입니다. 즉, 한 사람이 평균 5번씩 광고를 본 셈입니다. 너무 높으면 광고에 지루함을 느낄 수 있고 너무 낮으면 기억에 안 남을 수 있어 적절한 조절이 필요합니다. 보통 빈도가 5를 넘어가면 피로도가 늘어난다는 광고 이론이 많습니다. 그러나 예산이 적은 소기업은 보통 빈도 고민을 할 필요가 특별히 없는 경우가 대부분입니다.

도달률(Reach Rate)

도달률은 전체 광고 대상 중에서 몇 %가 실제로 콘텐츠를 봤는지를 나타냅니다. 예를 들어 구독자가 100명인데, 실제로는 10명에게만 닿았다면 도달률은 10%입니다. 최근 인플루언서가 아니면 도달이 잘되지 않기에 대부분 광고를 선택하고 있습니다.

임프레션(Impression)

임프레션은 광고가 노출된 총 횟수입니다. 한 사람이 3번 광고를 봤다면 임프레션은 3입니다. 사람 수가 아니라 '횟수'이기 때문에, 중복 노출도 포함된 수치입니다. 즉, '얼마나 많이 보여졌는가'를 뜻합니다.

CTR(Click-Through Rate, 클릭률)

CTR은 광고를 본 사람 중 실제로 클릭한 사람의 비율입니다. 예를 들어 광고를 100명이 봤고 2명이 클릭했다면 CTR은 2%입니다. 광고가 얼마나 흥미를 끌었는지를 나타내는 지표입니다. 광고에서 가장 중요한 수치라 할 수 있습니다. 광고의 종류에 따라 클릭률은 다르게 나오게 됩니다. 다른 종류의 광고와 상대적인 비교는 의미가 없는 경우가 많습니다.

CPM(Cost Per Mille, 노출 1,000회당 비용)

CPM은 광고가 1,000번 노출될 때마다 드는 비용입니다. 만약 CPM이 5,000원이라면 광고를 1,000번 보여주는 데 5,000원이 든다는 뜻입니다. 도달이나 브랜드 인지도 광고에서 자주 사용되는 용어입니다.

CPA(Cost Per Action, 전환당 비용)

CPA는 고객이 어떤 행동(예: 구매, 회원 가입, 예약 등)을 했을 때 드는 평균 광고비입니다. 예를 들어 10명이 광고를 보고 2명이 예약했는데 총 2만 원을 썼다면 CPA는 1만 원입니다. 결과 중심의 광고에서 가장 중요하게 보는 수치입니다.

CPC(Cost Per Click, 클릭당 비용)

CPC는 광고를 한 번 클릭할 때마다 드는 비용입니다. 예를 들어 100번 클릭에 100원을 썼다면 CPC는 1원입니다. 얼마나 비용 효율적으로 관심을 끌었는지를 보여줍니다. CTR이 좋으면, 대부분 CPC는 좋게 나옵니다. CPC는 주로 CTR와 상관관계가 있습니다.

CPS(Cost Per Sale, 판매당 비용)

CPS는 실제 상품이 팔릴 때마다 드는 광고비를 말합니다. 예를 들어 광고비로 10만 원을 써서 5개를 팔았다면 CPS는 2만 원입니다. 고객 1명을 유치해서 결제까지 들어가는 광고 비용을 말합니다.

CPV(Cost Per View, 조회당 비용)

CPV는 영상 광고에서 '한 번 봤을 때' 드는 광고비입니다. 유튜브 광고에서 1명의 사용자에게 영상을 조회시키는데 1회 조회당 30원이 들었다면 CPV는 30원입니다. 영상 콘텐츠의 효율을 판단하는 지표입니다.

도달(Reach)

도달은 '광고를 본 실제 사람 수'입니다. 예를 들어 1명이 10번 봐도 도달은 1입니다. 사람 수를 기준으로 하며, 중복 없이 계산하는 수치입니다. 즉, 몇 명에게 광고가 닿았는지를 보여줍니다.

노출(Exposure)

노출은 광고가 화면에 나타난 횟수를 말합니다. 누가 몇 번 봤는지는 중요하지 않고, 단순히 '화면에 나타난 횟수'입니다. 한 사람이 여러 번 보면 그만큼 노출 수가 올라갑니다.

PART. 2

비법 공개! 타기팅 기술과 알고리즘

타깃 광고는 '누구에게 보여줄 것인가'라는 질문에서 시작됩니다. 본 PART에서는 그 질문에 대해 깊이 있게 탐색합니다. 고객이 어디에 사는지, 어떤 삶을 사는지, 무엇에 관심이 있는지를 디지털 데이터로 읽어내는 시대에 우리는 개인을 어떻게 구분하고, 어떤 기준으로 타기팅해야 할까요? 단순히 연령과 성별을 넘어서는 정밀 타기팅의 원리, 지역성과 생활권, 디바이스에 따라 달라지는 행동 패턴 등을 통해 독자 여러분은 보다 구체적인 타깃 설정의 전략을 습득할 수 있습니다. 이 장은 '타깃을 좁히는 것이 아니라 구분하는 것'이라는 새로운 시각을 제공합니다.

어떻게 나를 타기팅 할 수 있을까?

나를 타기팅 한다는 말은 곧 내가 누구인지 안다는 말입니다. 광고 플랫폼은 내가 누구인지 어떻게 알까요? 광고가 내가 누구인지 안다는 말은 보이스피싱 조직처럼 내 이름이 홍길동인 것과 내 핸드폰 번호를 안다는 말이 아닙니다. 나를 분류하여 특정한 그룹 형태로 데이터화 하여 보유하고 있습니다. 나의 연령대, 성별, 취미, 관심사, 소득수준, 거주지역(시, 군, 동 단위), 직업 정도를 추론하여 분류하고 있습니다. 그리고 사람을 기반으로 하여 AI가 작업을 담당합니다.

적어도 이 글을 읽으시는 여러분들은 구글, 유튜브, 카카오, 페이스북, 인스타그램, 틱톡에서 어떤 그룹으로 분류되어 있습니다. 청년과 장년, 부자와 중산층, 축구를 좋아하는 사람, 화장품을 좋아하는 사람, 여행을 좋아하는 사람, 울산에 사는 사람, 창업을 하려는 사람 등등으로 분류되어 있습니다. 타기팅 할 수 있다는 말은 사전에 분류되어 있다는 말입니다. 어떻게 분류가 가능하였을까요?

원리가 좀 복잡하기에 분류는 크게 2가지로 단순화하여 말씀드리겠습니다. 첫 번째로 가입 당시에 받는 가입 정보로 사람을 분류, 두 번째로 가입 이후에 사용자의 행위 기반으로 후 가공 정보로 사람을 분류하는 것입니다. 최근에 결혼정보회사의 신랑, 신부 후보자 등급표가 사회적으로 화제입니다. 결혼정보회사는 100% 가입 당시에 제공하는 정보만으로 사람을 분류합니다. 그래서 개인을 증명하는 것이 중요합니다.

플랫폼도 가입 당시에 제공하는 정보가 있습니다. 당근마켓은 거래를 위해서 사는 동네를 제공해야 하며 페이스북은 친구를 만나기 위해서 나이와 출신학교 등을 제공해야 합니다. 많은 정보를 제공할수록 원하는 친구를 만나고, 중고 제품 거래하기가 쉽습니다. 네이버도 가입하며 생년월일을 제공합니다. 이렇게 가입 당시에 내가 제공하는 정보로 사람을 분류하여 타기팅 하는 방법이 있습니다.

두 번째, 나를 타기팅 하는 방법은 나에게서 얻은 초기 정보를 결합하거나 플랫폼 내에서 나의 행동을 분석하여 빅데이터로 후가공하면 내가 어떤 사람인지 어느 정도 추론이 가능합니다. 예를 들어 내가 페이스북이나 인스타그램에서 조선일보를 '좋아요' 하거나 한겨레 신문을 '좋아요' 한다고 하면, 나의 정치적 성향을 알 수 있을 것입니다. BBQ치킨을 '좋아요'하면 내가 좋아하는 음식을 알 수 있을 것이고, 일본 여행과 관련된 콘텐츠를 '좋아요' 하면 언젠가 일본 여행을 가려 하리라는 것을 추론할 수 있습니다.

여기까지는 1차원적인 분석입니다. 그런데, 예를 들어 여러분이 40대 이상인데 BBQ도 '좋아요'하고 BHC, 굽네, 네네치킨도 누른다면 플랫폼은 여러분을, 치킨을 무척 좋아하는 중년 그룹으로 분류할까요? 그렇지 않을 가능성이 더 높을 것입니다. 아마도 플랫폼에서는 그때부터 여러분을 치킨집 창업을 할지도 모를 중년 예비 창업자로 분류할 것입니다. 실제로 페이스북이나 인스타그램 광고관리자 모드에서는 자영업자 그룹, 가맹업 관심자 30만 명~100만명이 타깃 그룹으로 존재하여, 여러분이 광고비만 입찰하면 창업 광고 타기팅 가능합니다.

많은 분들이 '이런 것은 타기팅이 안 될 거야'라고 생각하지만 실제로 결합 정보를 이용하면 성소수자들을 유추하고, 그들이 좋아하는 패션브랜드 광고를 할 수 있습니다. 이런 세부적인 관심사와 성향도 타기팅이 가능합니다. 하지만 글로벌 광고 플랫폼들은 이런 민감한 타기팅 기법을 과거에 비해 개인정보 보호의 차원에서 느슨하게 허용하며 만 18세 미만의 인구를 대상으로는 타기팅 기법을 쓰지 못하게 하는 경우가 다수 있습니다.

내가 어디에 사는지를 어떻게 알까?

여러분은 '내가 어디에 사는지를 인스타그램, 카카오톡 등의 플랫폼이 어떻게 알 수 있을까?'라는 의문을 가져 보신 적 있으신가요? 거주지나 직장 정보는 단순한 개인정보 이상의 광고적 가치를 지닙니다. 마케팅 관점에서 보면 이 정보는 타깃 설정의 핵심 중 하나입니다. 대부분의 사업은 물리적인 거리의 제약을 받기 때문에 사용자가 어디에 거주하고, 어떤 지역에서 주로 활동하고 소비하는지를 아는 것이 광고 성과를 높이기 위한 가장 기본적인 조건이 됩니다.

물론 이커머스의 발달과 빠른 배송 시스템 덕분에 일부 업종에서는 매출이 거리의 한계를 넘어서기도 합니다. 하지만 여전히 교육, 외식, 의료업종처럼 '생활권' 내에서만 집중적인 대면 및 방문 매출이 발생하는 업종이 존재하며 이 업종들의 광고 효율을 높이기 위해서는 사용자의 거주 위치 정보가 반드시 필요합니다.

예를 들어 신길역 근처에서 빵집을 운영하는 사장님을 가정해 보겠습니다. 전국구 인지도를 가진 브랜드인 대전의 성심당 같은 빵집이 아니라면, 대부분의 고객은 신길역 인근의 거주자일 가능성이 높습니다. 타지에서 이 빵집을 찾아올 고객은 극히 드뭅니다. 이 매장의 사장님은 거주지 반경 광고 옵션을 타깃 광고에서 반드시 써야 합니다. 실제 거주지 옵션은 타깃 광고에서 쉽게 쓸 수 있습니다. 그렇다면 광고 플랫폼은 어떻게 사용자의 거주지를 추론할 수 있을까요? 크게 세 가지 방식이 있습니다.

첫째, 가입 시 기재한 거주지입니다. 당근마켓처럼 지역 기반

커뮤니티 플랫폼은 가입 단계에서 동네를 선택하게 하며 이 정보가 그대로 광고 타기팅에 반영 가능합니다. 둘째, 인터넷 회선의 IP 정보입니다. 대부분의 국내 가정에서는 SK브로드밴드나 LGU+ 등의 인터넷 회선을 사용하는데 이 IP에는 지역 정보가 포함되어 있어 사용자의 접속 위치를 추정할 수 있습니다. 셋째, 모바일 기기의 GPS 정보입니다. 스마트폰은 사용자의 위치를 지속해서 기록하고 있으며 여러분이 플랫폼에 위치정보 수집 동의를 하게 되면 자주 방문하는 맛집, 카페, 헬스장 같은 장소의 위치 데이터 등 사용자의 생활반경을 매우 정밀하게 파악할 수 있게 도와줍니다. 이 세 가지 정보가 결합하면 광고 플랫폼은 사용자의 거주지와 주요 생활권을 높은 정확도로 추론할 수 있습니다.

이렇게 파악된 정보는 결국 광고 타깃 설정에 직접 활용됩니다. 쉽게 말해 학원은 3km 이내의 학부모에게, 병원은 5km 반경의 30~50대 여성에게, 음식점은 배달이 가능한 동네 고객에게만 광고를 집행할 수 있도록 설정을 가능하게 해주는 것입니다.

거주지로 추론 및 가능한 타기팅 전략

타깃 광고에서 사용자의 거주지 정보를 이용해 많은 것을 유추할 수 있습니다. 단순히 어디에 산다는 사실만으로도 광고 타기팅의 방향은 크게 달라질 수 있습니다. 예를 들어 일정 규모 이상의 소득이 있어야만 소비 가능한 상품을 소득수준 기반으로 홍보해야 한다면 서울의 강남구, 서초구, 송파구 일명 '강남 3구' 거주자를 타기팅 할 수 있습니다. 이 타기팅의 의미는 상대적으로 높은 소득 수준, 자산 여력, 프리미엄 소비 성향 등을 추론한 타기팅입니다.

이러한 지역 기반 추론은 광고 전략에 매우 효율적으로 사용됩니다. 예를 들어 강남 3구에 사는 사람에게는 명품 브랜드, 고급 리빙 제품, 자녀를 위한 프리미엄 교육 콘텐츠, 고가 의료 시술 등의 광고에 거부감이 없을 수 있습니다. 비슷한 조건의 소득수준 기반의 타기팅이 가능한 거주지역은 인천의 송도, 부산의 해운대구, 대구의 수성구, 연봉 수준이 높은 울산광역시 등도 대표적인 지역입니다.

하지만 '어디에 사는가'는 단지 소득 수준만을 추론하는 데 그치지 않습니다. 지역 기반 이벤트 마케팅의 중심이 되기도 합니다. 예를 들어 어떤 지역에 신규 오픈하는 병원, 학원, 가구 쇼룸, 분양 홍보, 콘서트, 전시회 등의 오프라인 이벤트를 알릴 때 해당 지역 거주자를 대상으로 한 광고는 매우 높은 전환율을 보여줍니다. '내 동네에서 열리는 행사'는 더 즉각적인 반응을 유도하기 때문입니다.

또한 '거주지+연령' 정보의 조합은 더 정밀한 광고 타깃을 설정할 수 있게 해줍니다. 예를 들어 강남에 거주하는 40대 여성을 대상으로는 수강료의 단가가 높은 자녀의 학원 광고나 본인과 부모님의 프리미엄 건강검진 광고가 적합할 수 있습니다.

많은 초보 광고주들이 광고 타기팅을 설정할 때 행정구역 설정을 너무 광범위하게 잡거나 단순히 나이와 성별만 기준으로 진행하는 경우가 많습니다. 하지만 거주지 기반의 데이터 활용은 가장 쉬우면서도 실질적인 효율을 끌어낼 수 있는 기본 전략이며 생각해 보면 그 안에 수많은 세부 전략이 숨어 있습니다.

내가 어디를 여행하는지 어떻게 알까?

여러분 모두가 한 번쯤은 경험해 보셨을 것입니다. 여행을 떠나 제주도에 도착하자마자 페이스북이나 인스타그램, 유튜브에서 렌터카 광고나 테마파크 할인 쿠폰 광고가 눈에 띄게 늘어나는 현상 말입니다. '어떻게 알고 이렇게 광고가 나오는 걸까?'라는 의문이 들 정도로 마치 플랫폼이 여러분의 여행 일정을 미리 파악하고 있었던 것처럼 느껴지실 수 있습니다.

광고 플랫폼들이 사용자가 '여행 중'인지 여부를 파악하는 방식은 의외로 간단하지만 매우 정교합니다. 핵심은 위치 정보, 즉 GPS 데이터의 변화입니다. 예를 들어 사용자가 평소에 서울시 영등포구에서 자주 활동하며 스마트폰의 GPS가 반복적으로 그 지역에서 찍혔다면 플랫폼은 그 사용자를 '영등포 거주자'로 인식하게 됩니다.

그런데 어느 날 갑자기 제주도에서 GPS가 감지되고 몇 시간 또는 하루 이상 제주도에서의 활동이 이어진다면 플랫폼은 이 사용자를 '여행자'로 분류하게 됩니다. 보통 플랫폼은 일정 거리(예: 250km 이상)를 기준으로 평소 거주지에서 상당히 떨어진 위치에서 일정 시간 이상 활동이 확인될 경우, 해당 사용자를 여행 중인 사람으로 간주합니다. 여행 중이라는 상태는 상업적으로 상당히 높은 가치가 생기는 구간입니다.

  이러한 분류가 이뤄지는 순간, 플랫폼은 그 사용자에게 맞춤형 여행 광고를 노출시키기 시작합니다. 숙소, 렌터카, 관광지, 테마파크, 지역 맛집 등 현지에서 소비할 가능성이 높은 서비스들의 광고가 집중적으로 등장하는 구조입니다. 중요한 마케팅 인사이트는 여기에 있습니다. 과거에는 단순히 '누구에게 보여줄 것인가'가 광고 타기팅의 핵심이었지만 이제는 갈수록 '어느 순간에, 어느 장소에서 보여줄 것인가'가 새로운 광고 전략의 하나의 축이 되고 있다는 점입니다.

  사용자의 생활 반경은 물론이고 일시적인 이동 경로와 체류지까지 파악하여 광고 콘텐츠를 조정할 수 있는 시대에 우리는 살고 있습니다. 예를 들어 제주도에서 렌터카를 운영하는 업체라면 제주도에 도착한 여행자 그룹을 자동으로 타기팅 할 수 있고, 지역 관광지를 운영하는 테마파크라면 특정 위치 기준으로 유입된 방문객에게 할인 쿠폰을 노출시켜 즉각적인 전환을 유도할 수 있습니다.

  반대로 제주도민에게는 이런 광고가 거의 노출되지 않거나, 거주지 기반의 다른 광고만을 송출하는 것도 가능합니다. 플랫폼은 사용자의 공간 이동과 위치 변화를 실시간으로 읽어내고 그 맥락 속에서 광고를 송출할 수 있습니다. '누구'에게가 아니라 '언제', '어디에서', '어떤 상태로 있는' 사람에게 광고가 노출되는지를 여러분의 비즈니스에 활용하시기를 바랍니다.

내 비즈니스의 지역성을 알고 있는가?

"우리 가게는 반경 3km를 벗어나면 손님이 잘 안 와요." 이 말이 익숙하게 들리는 사업자라면 이미 매출의 지역성을 깊이 체감하고 있는 분이실 것입니다. 병원, 학원, 식당처럼 로컬 기반의 비즈니스는 대체로 '지역성'을 핵심 기반으로 운영됩니다. 그 말은 곧, 고객 유입의 범위가 물리적으로 제한된다는 뜻입니다. 하지만 많은 경우 이 '지역성'이 타깃 광고에 충분히 반영되지 않거나, 반영되더라도 그 설정이 막연하거나 과도하게 넓게 잡히는 경우가 많습니다.

지역 타기팅은 정확해야 반응이 나오게 됩니다. 특히 타깃 광고는 지역을 잘못 설정하면 예산만 낭비되고 실제 전환은 거의 일어나지 않는 소모성 광고가 되기 쉽습니다. 여러분이 가게를 운영하면서 겪었던 체감들, 예를 들어 '버스 3정거장 너머에서는 잘 안 온다', '반경 1.5km를 벗어나면 유입률이 급격히 떨어진다', 이런 직관과 경험이야말로 플랫폼 광고 설정 시 반드시 녹여야 할 데이터입니다.

문제는 이것이 외부 대행사나 내부 직원이라도 쉽게 알 수 없다는 점입니다. 아무리 광고를 잘 아는 전문가라도 여러분이 매일 만나는 고객의 패턴과 유입 경로, 거절 이유를 몸으로 체득한 여러분처럼 알기는 어렵습니다. 결국 '내 비즈니스가 갖고 있는 지역성의 경계'를 누구보다 정확히 알고 있는 사람은 바로 여러분입니다.

따라서 광고 세팅 단계에서는 사업주 본인의 가이드가 반드시 필요합니다. 여러분이 직접 광고를 집행하지 않더라도 최소한 '이쪽 구는 타깃에서 제외해 주세요', '이 아파트 단지는 대형 경쟁업체가 입점해서 무의미해요', '여기 직장인 점심 수요는 강하지만 주말에는 거의 없어요' 같은 실질적 인사이트는 꼭 제공해야 합니다. 이런 조정 없이 광고를 시작하면 플랫폼은 무의미하게 넓은 반경을 커버하려 하고 이에 따라 광고비는 의미 없이 소진되고 반응률은 낮아집니다.

타깃 광고의 가장 큰 장점은 정밀한 타기팅입니다. 이를 제대로 활용하려면 내 비즈니스의 '지역적 한계'를 명확히 인식하고 이를 반영한 설정이 선행되어야 합니다. 지역성을 극복하기 위해서는 새로운 아이템이 필요한데, 신규 아이템 발굴은 광고 외적인 부분이라 여기서 다루지 않겠습니다. 지역성이 반영된 광고 설정을 할 때는 온라인상의 고객 분석 도구나 AI의 자동 추천도 유용하지만 그보다 먼저 해야 할 일은 '내 고객은 어디까지 오는가?'라는 질문에 대한 정확한 답변을 스스로 먼저 정의하는 것입니다. 그리고 그 답은 알고리즘이 아닌, 오직 여러분의 경험에서 나옵니다. 내 비즈니스가 지역 기반일수록 내 광고는 더욱 지역 친화적으로 설계되어야 합니다.

여기서 한 가지 중요한 것은 도전할 아이템, 지역성 극복이 가능할 것 같은 아이템이 이미 있다면 거리를 조금 더 넓혀서 광역권이나 전국권으로 타깃 광고를 하시기 바랍니다. 짜장면 맛집은 근처에만 타기팅 하겠지만 깐풍기 맛집은 좀 더 넓게 가능할지도 모릅니다. 일반 산부인과에 비하여 난임 관련 진료를 중점으로 하는 산부인과는 지역을 더 넓혀서 타기팅 할 것입니다. 현재 지역에서 싸워야 할 아이템과 권역을 넓혀서 타기팅 하여 도전하고 싸워야 할 아이템을 구분하시기를 바랍니다.

생활권과 상권을 알아야 성공할 수 있다

여러분이 대기업이 아니라면 그리고 전국 어디든 택배를 보내면 매출이 발생하는 쇼핑몰이 아니고 오프라인 매장을 가지고 계신다면, 타깃 광고에 있어서 '생활권'이라는 개념을 알아야 합니다. 지역에 매장을 보유하고 직접 고객을 오프라인에서 만나는 구조라면 고객의 이동 반경, 즉 생활권 개념이 매우 중요해집니다.

생활권은 단순히 행정구역을 뜻하는 개념이 아닙니다. 예를 들어 서울과 광명, 부산과 양산, 여수와 순천처럼 행정구역은 다르지만 실제 생활 동선이 출퇴근으로 연결된 지역은 같은 생활권으로 분류됩니다. 반면 같은 구나 동 안에 있어도 큰 도로 하나, 육교 하나를 사이에 두고 사람들이 이동하지 않아서 상권이 분리되는 경우도 있습니다. 예를 들어 중앙분리대로 분리된 8차선 대로 건너편은 심리적으로 멀게 느껴져 '우리 상권이 아닌 곳'이 될 수 있습니다.

핵심은 타깃 광고도 이 생활권을 반영해야 효율이 높아지는 아이템이 있다는 점입니다. KTX의 출현 이후 Big5 병원의 환자 수는 더 늘어났고, 서울~춘천 간 고속도로의 개통 이후에 춘천의 숙박업소들은 불황을 맞게 되었습니다. 업종과 교통, 서비스 가격에 따라 많은 변수가 있음을 고려해야 합니다. 우리가 아무리 좋은 광고를 제작해도 아이템의 특성상 실제로 우리 가게까지 오기 어려운 지역에 노출된다면 전환율은 떨어질 수밖에 없습니다. 그렇다면 내 매장의 실제 생활권과 상권을 어떻게 파악할 수 있을까요?

특별한 리서치 툴이 없더라도 고객의 출처를 분석할 수 있는 작은 단서들은 가까이에 있습니다. 고객의 주소지, 문의를 남긴 동네, 전자 차트 주소, 설문지, 또는 고객과 간단한 대화를 통해 생활권의 경계를 파악할 수 있습니다. 회원 가입 시 수집된 우편번호나 거주지역 정보도 충분히 유용한 단서가 됩니다.

많은 광고주가 막연히 '근처 지역 전체'를 타기팅 하거나 상권을 정확히 인지하지 못한 채 광고의 지역 범위를 설정하는 실수를 합니다. 하지만 생활권을 기준으로 정밀하게 타기팅하는 것이 적은 예산으로 큰 효율을 내는 핵심 전략입니다. 때로는 플랫폼의 한계 때문에 생활권이나 상권보다 넓게 광고하는 경우도 있고, 그래야만 광고가 집행되는 경우도 있습니다.

예를 들어 신정동에 당근마켓으로 광고해야 하는데 신정동만 타깃 해서는 인구 모수가 적어서 아무리 해도 예산이 소진되지 않는다면, 신정동을 포함한 양천구 전체에 광고하거나 인근 동까지 확장할 수밖에 없습니다. 일정 규모의 타깃 인구 아래에서는 광고 예산이 소진되지 않거나, 광고가 집행되지 않는 현상은 흔히 있으니 참고하고 그럴 때는 인위적으로 넓게 잡고 광고하시기 바랍니다.

국내 타깃 광고에서 수도권의 의미는?

타깃 광고에서도 한국적 특수성을 분명히 고려해야 합니다. 이런 지리적 특수성은 플랫폼에서 제공하는 교육을 아무리 들어도 알려주지 않고, 유명 강사의 강의에도 나오지 않으며 결국 내가 스스로 터득할 수밖에 없습니다. 한국에서 수도권을 대상으로 광고할 때는 정밀한 지역 타깃 설정이 특히 중요합니다. 한국 인구의 절반 이상이 서울, 경기, 인천에 밀집되어 있기 때문에 광고 플랫폼에서 지역 타기팅을 조금만 넓게 설정하면 금세 수백만 명에게 노출 범위가 확장됩니다.

이는 표면적으로는 '많은 사람에게 도달했다'는 긍정적인 지표처럼 보일 수 있지만 실제로는 광고 예산의 상당 부분이 '관계없는 사람'에게 낭비되는 결과로 이어질 수 있습니다. 특히 수도권 광고에서 흔히 저지르는 실수가 바로 반경 기반 타기팅입니다.

예를 들어 남양주 별내에 위치한 작은 식당을 운영하는 사업자가 있다고 가정해 봅시다. 이 식당의 고객은 대부분 도보 또는 자가용으로 5~10분 거리 내에서 유입됩니다. 그럼에도 불구하고 광고에서 '반경 10km'를 선택해버리면, 서울 광진구나 노원구 일부까지 광고가 노출됩니다. 문제는 10km라는 숫자는 크지 않아 보이지만 이는 실제로 방문 가능성이 낮은 20만명 이상의 인구에도 비용이 소모된다는 점입니다.

수도권의 특징은 '밀집도'입니다. 같은 반경이라도 지방에서는 수천 명 수준의 타깃 범위일 수 있지만, 수도권에서는 수십만 명으로 기하급수적으로 늘어납니다. 따라서 수도권에서의 광고는

'반경'보다는 '정확한 행정구역'을 사용하는 것이 더 효과적입니다. 특히 음식점, 병원, 학원처럼 위치 기반 방문이 중요한 업종에서는 이 정밀 타기팅이 광고 효율을 결정짓는 핵심입니다.

정확한 행정구역을 타기팅 해주는 광고는 많습니다. 당근마켓, 카카오, 네이버, 페이스북, 인스타그램 등 대부분의 광고가 가능합니다. 수도권은 다른 지역보다 더 정확하게 타기팅 해야 효율이 나옵니다.

한국에 살면 한국인이라는 큰 착각

타깃 광고를 설정할 때 우리는 너무 당연하다는 듯이 '한국에 사는 사람=한국인'이라는 전제를 갖고 접근하곤 합니다. 그러나 이는 광고 예산을 비효율적으로 낭비하게 되는 큰 실수로 이어질 수 있습니다. 여러분의 상품이나 서비스가 내국인에게만 제공할 수 있는 것인지 아니면 국내에 거주하는 모든 사람에게 열려 있는 것인지를 먼저 고민하셔야 합니다.

행정안전부와 출입국관리소의 통계에 따르면, 현재 한국에 장기 체류 중인 인구의 약 5%는 외국인입니다. 이 말은 곧, 광고 타깃을 '국내 전체 인구'로 막연히 설정할 경우 전체 예산 중 최대 5%가 불필요한 대상에게 노출될 수 있다는 의미입니다. 반대로 외국인도 이용할 수 있는 서비스라면 이 5%는 놓치면 안 되는 중요한 타깃이 될 수 있습니다. 이 인구는 5,100만명중에 약 260만 명입니다. 그런데 사실은 5%가 아닙니다. 광고가 가능한 성인 인구, 경제활동 인구로 제한하고, 핸드폰 사용자 중에 특정 언어를 사용하는 인구로 좁혀 보면 전체 국내 성인 인구 중에 약 12% 정도입니다. 상당히 큰 인구수로 광고 전략에 큰 영향을 미치는 변수이지만 이를 모르는 마케터가 많습니다.

따라서 여러분의 서비스가 국내에서 주민등록증 보유자인 한국인만을 대상으로 하는가, 아니면 국내 거주자라면 국적, 언어, 인종 불문 누구나 이용 가능한가를 명확히 구분하는 것이 매우 중요합니다. 광고 플랫폼이 타깃 할 수 있는 것은 실제 사람이 아닙니다. 실제로는 사람이 사용하는 핸드폰이나 PC와 같은 디지털 디바이스입니다. 즉 핸드폰이나 PC가 어떤 언어로 세팅되어 있고 어디에 위치하고 있는 지로 광고 대상인 사람을 추론합니다.

광고 플랫폼은 사용자의 국적을 직접 파악하진 않지만 그 사람의 언어 설정을 통해 추론합니다. 대부분의 외국인은 자신의 모국어로 스마트폰 언어를 설정해 두고 사용합니다. 플랫폼은 이 언어 설정 정보를 기반으로 광고 타깃을 나눌 수 있도록 해줍니다.

예를 들어 같은 갤럭시 폰이라도 구매 후에 한국어 설정 사용자는 내국인일 가능성이 높고, 중국어, 베트남어, 몽골어, 영어 등의 설정을 사용한 유저는 국내 거주 외국인 또는 여행 중인 외국인일 가능성이 높습니다. 이러한 언어 기반 타깃 설정은 순수 한국인에게만 광고하고자 할 때도 유용하고 반대로 한국에 거주하는 외국인만을 대상으로 광고하고자 할 때도 전략적으로 활용될 수 있습니다.

예를 들어 강남역 근처에 위치한 한 치과에서는 몽골인 고객이 많아 몽골어 가능한 상담실장을 두고 있으며, 실제로 국내 거주

몽골인을 대상으로 한 타깃 광고를 운영 중입니다. 그 비결은 단순합니다. 광고 설정에서 지역을 대한민국, 언어를 몽골어로 지정했기 때문입니다.

이처럼 언어 설정 기반 타기팅은 단순히 국적 구분이 아니라 실제 콘텐츠 수용 가능성을 기준으로 광고를 정교하게 조율할 수 있게 해 줍니다. 더 나아가 관광객 유입이 많은 지역이라면 단기 체류 외국인을 위한 광고도 가능합니다. 예컨대 명동의 미용실, 동대문의 쇼핑몰, 인천공항 인근의 환전소 등은 영어, 중국어, 일본어 사용자만 대상으로 한 광고 설정이 매우 효과적일 수 있습니다. 실제 필자의 회사에서는 국내 거주 외국인을 위한 병원 광고와 국내 여행 중인 여행객을 위한 명동의 식당, 술집, 기념품샵을 언어설정 타깃으로 집행하고 있습니다.

타깃 광고 설정에서 AI를 얼마나 믿어야 할까?

타깃 광고에서 AI를 얼마나 믿어야 할까요? 광고를 처음 접하는 초보 마케터이든, 오랜 경험을 쌓은 실무자이든, 이 질문은 점점 더 중요해지고 있습니다. 과거에는 광고 관리자가 모든 타깃을 손으로 설정하고 어떤 시간에, 어떤 성별에, 어떤 연령층에 광고를 보여줄지를 직접 설정했습니다. 하지만 지금은 상황이 완전히 바뀌었습니다.

광고 플랫폼들은 더 이상 단순한 '광고 송출 장치'가 아니라 고도화된 AI 최적화 시스템이 서비스를 제공하는 실시간 마케팅 플랫폼으로 진화했습니다. AI는 타깃 광고의 여러 영역에서 이미 활발히 활용되고 있습니다. 광고 소재를 자동으로 생성하거나 효과적인 문구를 추천해 주는 것뿐 아니라, 무엇보다도 AI가 가장 강력하게 작동하는 영역은 '타깃 최적화'입니다.

광고를 시작하면 AI는 초기 데이터를 기반으로 학습을 시작합니다. 어떤 연령대가 클릭률이 높은지, 어떤 성별이 구매 전환율이 높은지, 어느 시간대에 반응이 많은지 등을 실시간으로 분석합니다. 그리고 이 데이터를 기반으로 반응이 더 좋은 타깃 군에 광고를 자동으로 더 많이 배분합니다.

실제로 과거 AI가 광고에 깊이 개입하지 않았던 시절에 비해 지금은 더 높은 클릭률과 전환율을 기록하는 사례가 많습니다. AI는 매시간, 매일 수많은 데이터를 실시간으로 분석하고 반응 패턴을 찾아내기 때문에 사람의 직관만으로 도달할 수 없는 수준의 정교한 타기팅이 가능합니다. 그래서 저는 강의나 컨설팅 현장에서 늘 이렇게 말합니다. "초보자일수록 AI 옵션을 적극 활용하세요."

대부분의 광고 플랫폼에서는 타깃 설정 단계에서 '권장' 또는 '추천'이라는 이름으로 AI 기반의 자동 최적화 옵션을 제공합니다. 이 옵션을 끄고 자신만의 타깃을 설정할 수도 있지만 경험이 많지 않다면 오히려 성과가 떨어지는 경우가 많습니다. 저의 이야기는 평균이 그러하다는 것입니다. 우리는 승률이 중요합니다.

이건 마치 실시간 교통정보가 반영된 내비게이션을 두고 내가 아는 길을 믿고 돌아가는 것과 비슷합니다. 물론 운전을 오래 한 분들은 자신만의 길이 있다고 생각합니다. 그러나 교통 체증, 공사 구간, 사고 정보가 반영된 내비게이션은 대부분의 경우 더 빠르고 정확한 길을 안내합니다. 타깃 광고의 AI 최적화도 이와 똑같습니다. 물론 무조건 AI에만 맡기라는 뜻은 아닙니다.

AI는 데이터를 기반으로 학습하기 때문에 초기 입력값이 매우 중요합니다. 즉, 광고 소재가 얼마나 설득력 있게 만들어졌는지, 랜딩페이지는 신뢰를 줄 수 있는지, 클릭 이후 전환까지 연결되는 경로가 매끄러운지 등의 타기팅을 제외한 '광고 콘텐츠와 구조'는 여전히 사람의 몫입니다. AI는 어디까지나 '운전 보조 시스템'이지, 목적지를 정해주지는 않습니다.

가장 많이 겪는 실패 사례를 말씀드리면 광고 노출 위치 최적화입니다. 예를 들어 메타 광고 집행 시에 페이스북이 인스타그램을 인수했기에 노출 위치를 AI에 맡기면 인스타그램과 페이스북의 노출 위치와 비율, 빈도를 AI가 조절해서 노출합니다. 그런데 사람이 수동으로 입찰하는 선택을 한 경우에는 우리 상품은 젊은 사람들이 많이 보니까 인스타그램 단독으로 운영해야겠다고, AI에 의존하지 않고 수동노출을 합니다. 하지만 이 경우 대부분 광고 결과를 보면 AI가 이기는 결과를 볼 수 있습니다. AI는 이 광고에 반응할 사람이 인스타그램에 몇 % 있는지, 페이스북에는 몇 %가 있는지를 통계적으로 접근하기에 AI를 이기기 어렵습니다.

단, 상권 반영을 인지하고 타기팅을 지역설정을 하는 경우에는 테스트부터 시작하는 AI 기반의 타깃 광고보다 아직 상권을 아는 사람의 수동 설정이 더 유리한 경우가 있지만 대부분은 AI가 추천하는 옵션으로 타기팅 하는 것이 더 좋은 결과를 보여주고 있습니다.

타깃 광고에 있어서 가장 중요한 것은 타깃이 아니다!

타깃 광고에서 가장 중요한 것이 무엇이냐는 질문을 받으면 대부분의 초보 광고주나 초보 실무자는 망설임 없이 타깃 설정, 즉 타기팅이라고 답합니다. 그리고 맞춤 타깃, 유사 타깃, 리타기팅, 혹은 게시판에서 추출한 사설 DB를 활용한 정밀 타깃 등 기술적인 타기팅 기법에 깊은 관심을 가지며 그 안에서 성과의 해답을 찾으려 합니다. 그러나 저는 같은 질문에 대해 조금 다른 관점에서, 그리고 다소 아이러니하게 "아니오."라고 답하겠습니다.

물론, 당연히 타깃 광고에서 타깃 설정은 중요합니다. 하지만 타기팅이 정확할수록 효과가 높아질 가능성은 있지만 정밀한 타깃 설정으로 성장할 수 있는 폭은 그리 높지 않습니다. 즉 타깃 광고에 참여한 모든 광고주들이 조금만 노력하면, 여러분과 유사한 타기팅은 해낸다는 것입니다. 저의 경험상 가장 지속 가능하고 장기적인 전환 성과를 만들어내는 타기팅은 오히려 기본에 충실한 '일반 인구통계학적 타깃'에 잘 만들어진 광고 크리에이티브가 결합된 조합이라는 사실입니다.

반면, 복잡하게 수집된 사설 DB 기반 타깃이나 도달 인구가 한정된 관심사 기반의 유사 타깃은 일시적으로 성과가 높아 보일 수 있지만, 대부분 오래 지속되지 않고 반복 활용성도 약합니다. 무엇보다 플랫폼의 정책 변화에 따라 쉽게 무력화되기도 합니다. 사실 '다이어트 관심자, 미용 관심자'에게 타기팅을 하는 것은 타깃 광고를 막 시작한 초보자도 쉽게 할 수 있습니다.

이제는 타깃을 얼마나 잘 찾느냐의 싸움이 아니라 AI를 활용해 어떻게 더 좋은 크리에이티브로 반응을 유도하느냐의 싸움으로 바뀌고 있습니다. AI는 이미 동일한 타깃 군을 학습한 결과를 보유하고 있습니다. 사용자의 반응 데이터를 기반으로 '누가 이 광고에 반응할 가능성이 높은지'를 여러분에게 실시간으로 계산해 예측 정보를 보여줍니다. 특히 페이스북, 인스타그램, 유튜브, 틱톡과 같은 플랫폼은 이제 별다른 타깃 설정 없이도 자동으로 최적의 사용자에게 광고를 도달시키는 '자동 타기팅' 모드를 제공하고 있고, 실제로 이 방식에서 더 나은 성과를 보이는 경우도 많습니다.

이런 시대에 우리는 무엇에 더 집중해야 할까요? 답은 명확합니다. 광고 크리에이티브, 즉 광고 소재의 기획과 설계입니다. 이제 타깃은 AI가 점점 더 잘 찾아주고 있고 우리가 해야 할 일은 그 타깃이 반응할 만한 콘텐츠를 얼마나 잘 만들 수 있는가에 달려 있습니다. 사람의 직관이 개입할 수 있는 영역은 이제 광고 메시지, 디자인, 감정적 설득력, 스토리의 흐름과 기획력 등 '사람의 감각이 필요한 창의적인 부분'으로 이동하고 있습니다.

도달 기반의 타깃 광고에서 성과란 AI가 주로 담당하는 자동화된 타기팅과 사람이 만든 크리에이티브의 합으로 나타납니다. 타깃을 좇는 데만 몰두하다 보면 정작 중요한 메시지를 놓칠 수 있습니다. 반면, 평범한 인구통계학적 타깃 안에서 탁월한 크리에이티브로 승부하면 AI는 스스로 반응 타깃을 확장해 가며 광고 성과를 증폭시킵니다.

장기적으로 무엇이 자산이 되는지를 고민해 보시기 바랍니다. 타깃 DB는 금방 바뀌고 사라질 수 있지만 반응이 검증된 크리에이티브는 플랫폼과 타깃이 바뀌어도 계속 활용할 수 있는 자산이 됩니다. 광고는 점점 더 AI가 구조를 만들고 사람은 그 구조 안에서 감성과 전략을 설계하는 일에 집중해야 하는 시대로 가고 있습니다.

관심사 기반 정밀 타기팅이 불편하지는 않을까?

이 질문은 타깃 광고가 점점 정교해지고 데이터 기반으로 사람을 더 정확하게 겨냥하게 되면서 자주 등장하는 고민입니다. 특히 광고주 입장에서는 '더 정밀하게 타기팅 할 수 있다면 성과도 더 좋아질 것'이라는 기대가 있지만, 사용자 입장에서는 '왜 나에 대해 이렇게 많이 알고 있지?'라는 불편함을 느끼게 되며, 이런 불편을 표현하는 계층들이 분명히 나타나게 됩니다.

구글, 페이스북, 인스타그램 등 주요 플랫폼의 타깃 광고가 처음 등장했을 때 관리자 모드에는 지금보다 훨씬 다양한 옵션들이 존재했습니다. 예를 들어 한 때는 '미세먼지 관심자'와 '초미세먼지 관심자'를 구분해서 타기팅 할 수 있었고, 특정 대학교 졸업자나 전공자에 대해서도 특정 고등학교 졸업자 타기팅도 가능했습니다. 이런 기능들은 네이버 검색 광고처럼 키워드 중심의 사고에 익숙했던 국내 광고주들에게는 상당히 신선하게 다가왔고 새로운 광고 전략의 가능성을 제시했습니다.

하지만 시간이 지나면서 플랫폼들이 하나둘씩 이러한 디테일 타기팅 옵션을 줄이기 시작했습니다. 사용자들이 점점 더 민감해진 것입니다. '내가 졸업한 학교, 내가 전공한 학과, 내가 검색한 주제가 왜 광고로 따라오지?'라는 느낌은 광고 효율보다 '사생활 침해'라는 불편함으로 먼저 인식되었기 때문입니다. 디지털 환경에서의 관심사 타기팅은 정밀할수록 효과적이지만 너무 정밀하면 '감시받는 느낌'을 줄 수 있습니다.

광고 플랫폼도 이 점을 잘 알고 있습니다. 메타, 구글, 틱톡 등은 점차 광고 타기팅 설정에서 수동 조작의 여지를 줄이고 AI 기반 자동 최적화 기능을 강화하고 있습니다. 즉, 광고주가 직접 디테일한 조건을 넣는 방식이 아니라 콘텐츠의 반응성과 클릭 데이터를 기반으로 AI가 '누구에게 노출할지'를 스스로 결정하게 하는 구조로 진화하고 있는 것입니다.

그렇다면 이러한 흐름 속에서 우리는 어떻게 대응해야 할까요? 크게 걱정할 필요는 없습니다. 오히려 지금처럼 플랫폼이 직접 사용자 데이터를 정밀히 드러내지 않으면서도 AI가 반응 데이터를 기반으로 광고 성과를 최적화해 주는 구조가 더 안정적이고 지속 가능한 전략이 됩니다.

관심사 기반 타기팅은 여전히 강력한 무기이지만 그것을 어떻게 설정하느냐 보다 어떤 콘텐츠로 반응을 유도하느냐가 더 중요해지고 있습니다. 불필요한 불편함을 유발하지 않으면서도 개인의 욕구와 상황을 이해한 메시지를 설계하는 역량, 이 이제는 타깃 광고의 성패를 가르는 핵심이 되고 있습니다.

타깃의 결혼 유무가 왜 중요한가?

가망 타깃이 기혼인지 미혼인지가 왜 중요할까요? 이 질문은 단순한 인구통계학적 분류를 넘어 혼인이 인생에 있어 중요한 이벤트이며 이 이벤트 전과 후로 상당히 다른 광고를 송출하기 때문입니다. 타깃 광고는 단순히 사람을 구분하는 기술이 아닙니다. 사람의 인생에서 특정한 구간, 특정한 시점에 개입하여 가장 적절한 메시지를 던져서 행동 변화를 유발하는 기술입니다.

기혼과 미혼은 단지 '결혼 유무'의 차이만이 아닙니다. 소비 행태 자체가 완전히 달라집니다. 특히 보험, 교육, 생활가전, 주거, 금융 같은 산업에서는 기혼자, 더 나아가 자녀가 있는 부모를 타깃으로 하는 광고가 매출을 위한 주요 전략입니다. 예를 들어 자녀 교육 관련 시장 즉 학습지, 학원, 독서지도, 영어유치원, 초등 코딩 클래스 등은 모두 '부모'라는 역할에 있는 기혼자를 주 타깃으로 합니다.

하지만 문제는 광고 플랫폼에서 직접적으로 '기혼' 여부를 설정할 수 있는 타기팅 옵션이 거의 없거나 있더라도 기혼자로 한정할 경우 도달 인구수가 급격히 줄어들 수 있다는 점입니다. 여러분은 여러분이 결혼했다는 정보를 플랫폼에 표기하고 계신가요? 아닌 사람이 더 많습니다. 따라서 대부분의 광고주와 마케터는 실제로는 '기혼일 가능성이 높은 연령대'를 넓게 타깃하고 광고 소재 자체를 기혼자만 반응하도록 설계합니다.

예를 들어 초등학습지 광고를 한다고 가정해 보겠습니다. 초등학교 입학 나이는 대부분 만 7세입니다. 아이가 만 7세라면 부모의 나이는 평균 결혼연령에 +7을 하면 보통 만 33세에서 만 42세일 가능성이 높습니다. 그리고 학습지의 구매 결정권자는 일반적으로 아빠가 아닌 엄마입니다. 그렇다면 이 광고는 만 33세~42세의 여성에게 노출되어야 하며 광고 이미지는 '아이와 함께 공부하는 엄마의 모습'으로 구성되어야 합니다.

이럴 경우 기혼자가 아닌 미혼 여성이나 자녀가 없는 사람은 광고 이미지에 감정적 연결을 느끼지 못하고 클릭하지 않게 됩니다. 즉 미혼은 나와 상관없는 광고로 인식합니다. 타기팅이 아닌 소재로 광고 효율이 자동으로 정제되는 구조입니다. 즉, 플랫폼에서 직접적으로 결혼 여부를 설정하지 않더라도 연령, 성별, 이미지, 메시지 조합을 통해 기혼자만 반응하도록 세팅하는 것이 훨씬 더 현실적이고 강력한 전략입니다.

또 하나 중요한 점은 '만 나이' 기준으로 타깃이 설정된다는 점입니다. 한국식 나이 계산이 아닙니다. 우리가 타깃을 설정할 때 가장 효과적인 기준은 생애주기에서의 동일한 공통성과 다른 분기점을 이해하는 것입니다. 대부분의 사람은 만 18세까지는 고등학교를 졸업하는 등 유사한 경로를 따르지만, 만 19세 이후부터는 삶이 다변화됩니다. 진학 여부, 병역, 결혼, 출산 등 개인적 다양성이 크게 발생하게 됩니다. 그 이후는 광고가 경험과 추론을 통해 접근해야 하는 영역입니다.

아이폰 유저와 안드로이드 유저는 무엇이 다른가?

아이폰 유저와 삼성(안드로이드)폰의 유저는 다른가? 라는 질문은 상당히 중요합니다. 그 이유는 타깃 광고에서 기능적으로 아이폰 사용자와 안드로이드 사용자를 구분하여 타기팅 할 수 있기 때문입니다. 핸드폰 기종에 따른 타깃 설정은 매우 간단하며 마치 광고 설정에서 PC와 모바일을 버튼 하나로 구분하여 분리하여 타기팅 할 수 있는 것만큼 쉽습니다.

중점 고려할 것은 한국적 특수성입니다. 이러한 기기 기반 타기팅은 특히 한국처럼 독특한 모바일 시장 구조를 가진 국가에서는 더 주목할 필요가 있습니다. 한국은 삼성전자가 한국기업이라는 영향으로 안드로이드 유저가 많습니다. 실제 타기팅을 해보면 한국은 안드로이드 유저가 70%, 미국은 50% 일본은 30% 정도입니다. 한국은 아이폰 유저의 비율이 적은 국가입니다. 그래서 아이폰 유저만으로 캠페인을 하기에 조금 불리한 면이 있습니다. 아이폰 유저가 타 국가에 비해 적어서 광고 타깃 인구가 적게 존재합니다.

여러 대학의 논문과 조사에서도 아이폰 유저와 안드로이드 유저는 다르다고 나옵니다만 실제로 광고를 해보아도 그렇습니다. 아이폰 사용자는 정치적으로 진보적이며, 소비성향은 브랜드 충성도가 높고, 프리미엄 제품을 선호하며, 트랜드에 관심이 많고 외향적이며, 자기표현 욕구가 강합니다. 반대로 안드로이드 유저는 보수적이며, 실용적입니다. 이를 이용하여 콘텐츠 전략이나 타기팅 전략을 다르게 구성할 수 있습니다.

실제로 제가 경험한 것은 아이폰과 안드로이드를 나누어 타깃 광고를 할 수 있으니 여러 가지 좋은 점은 분명히 있었습니다. 제가 아이폰 사설 수리점의 광고를 맡은 경우, 이것은 따로 말할 필요가 없는 IOS 기반의 타기팅이라 할 수 있습니다. 핸드폰 케이스 판매를 해보면 실제로 아이폰 유저들이 안드로이드폰 유저보다 더 비싼 핸드폰 케이스를 구매하며 본인이 선호하는 디자인에 더 많은 투자를 하는 것을 알 수 있습니다.

이러한 조합을 잘 이용한다면 아이폰 사용자와 안드로이드폰 사용자를 구분하여 여러 광고를 할 수 있을 것입니다. 한국처럼 아이폰 사용자 비중이 낮은 시장에서는 아이폰 사용자만을 타깃으로 하는 광고 캠페인을 설계할 때 도달률 자체가 한계에 부딪힐 수 있습니다. 하지만 특정 프리미엄 제품이나 감성 중심의 디자인 상품을 판매하는 브랜드라면 아이폰 사용자만을 겨냥한 캠페인이 오히려 더 높은 전환율을 기록할 수도 있습니다.

타깃 광고, 최대한 분리하는 것이 정답인가?

타깃 광고의 큰 강점 중 하나는 '세그멘테이션', 즉 고객을 세분화하여 그에 맞는 맞춤형 메시지를 전달할 수 있다는 점입니다. 이론적으로는 무한히 나눌 수 있습니다. 20대를 위한 캠페인, 30대를 위한 캠페인, 40대를 위한 캠페인. 또 여성과 남성, 수도권과 지방, 신규 고객과 기존 고객 등으로도 나눌 수 있습니다. 이렇게 나누면 더 정밀한 커뮤니케이션이 가능하고, 고객의 눈높이에 맞춘 표현과 혜택을 설계할 수 있다는 것이 타깃 광고의 장점입니다.

하지만 실제 광고 현장에서 이 세그멘테이션 전략을 항상 쓰지 않고, 사용하는 것이 정답이 되는 것도 아닙니다. 세분화가 지나치면 오히려 관리의 복잡성과 운영의 비효율이 문제가 됩니다. 캠페인을 나누면 나눌수록 운영은 복잡해지고, 모니터링할 데이터도 많아지며, 각 세그먼트마다 광고 소재를 따로 제작해야 하므로 리소스 부담이 커집니다. 특히 소규모 조직이나 마케팅 인력이 제한된 상황에서는 이러한 타깃 다중 분화가 오히려 전반적인 광고 퀄리티를 떨어뜨리거나 결과적으로 무의미한 A/B 테스트만 반복하게 만들 수 있습니다.

더구나 세그먼트마다 광고를 다르게 설정했다고 해서 무조건 성과가 올라가는 것도 아닙니다. 실무에서는 종종 '잘 만든 하나의 메시지'가 여러 세그먼트를 아우르며 오히려 더 높은 성과를 내는 경우가 많습니다. 이는 사람들의 라이프스타일이나 소비 가치관이 나이나 지역, 취향, 소득만으로 일률적으로 구분되지 않기 때문입니다. 예를 들어 20대와 40대가 동시에 공감하는 감정적 크리에이티브가 있을 수 있고 수도권과 지방의 사람들이 동시에 반응하는 실용적 메시지가 있을 수 있습니다.

결국 중요한 것은 세분화 그 자체가 아니라 메시지의 힘입니다. 지나치게 광고를 쪼개는 것보다 '다수에 통할 수 있는 크리에이티브', '넓은 층을 아우를 수 있는 핵심 가치'를 중심으로 광고를 설계하는 것이 장기적으로는 더 효율적인 전략이 될 수 있습니다. 마케터의 시간은 한정되어 있고 광고 예산도 무한하지 않습니다.

그 안에서 최고의 효율을 내려면 너무 많은 캠페인을 만들기보다는 관리하기 쉽고 길게 가져갈 수 있으며 여러 타깃에게도 의미가 통하는 메시지를 만드는 것이 훨씬 중요합니다.

세그멘테이션은 전략의 수단일 뿐, 목적이 되어서는 안 됩니다. 진짜 정답은 얼마나 많은 사람에게 깊이 닿을 수 있는 메시지를 만들 수 있느냐에 달려 있습니다. 잘 만든 하나의 광고가 여러 군데에서 동시에 통할 수 있다면 그 광고는 전략적으로도 비용 면에서도 훌륭한 자산이 될 수 있습니다.

타기팅은 좁히는 것이 아니라 구분하는 것

제가 직업상 여러 광고주의 광고 계정을 열어보면 초보 광고주의 계정 운영의 가장 큰 문제점과 오류는 타깃을 마냥 좁히는 것으로 설정한다는 것입니다. 타기팅을 말할 때 많은 광고주, 특히 초보 광고주들이 빠지는 가장 흔한 함정이 바로 무한정 타깃 좁히기입니다. 초보 광고주들은 광고의 성과를 높이기 위해서는 타기팅을 최대한 정밀하게 해야 한다고 믿습니다.

연령, 성별, 지역, 관심사, 기기, 행동 패턴까지 겹겹이 교집합의 조건을 더해 마치 역삼각형의 끝자락처럼 날카롭게 한 꼭짓점에 도달해야만 클릭률과 전환율이 높아질 것이라고 생각하는 것입니다. 이 생각은 그럴듯하지만 실제 광고 성과로 이어지는 경우는 드뭅니다.

저는 수많은 광고 계정을 진단하면서 너무 좁게 타기팅을 설정한 나머지, 실제로는 거의 도달이 일어나지 않거나 극소수의 동일한 사람에게 광고가 반복 노출되어 피로도만 높아지는 경우를 다수 목격합니다. 이렇게 되면 '그들 중 몇 명이 당장 반응하겠지'라는 기대와는 달리 아무 반응 없이 광고비만 소진되는 결과가 발생합니다.

타기팅은 좁히는 것이 아닙니다. 타기팅의 진짜 목적은 좁히는 것이 아니라 '구분하는 것'입니다. 다시 말해, 전체를 보면서 그 안에서 어떤 집단이 더 반응하는지를 확인하고 반응이 있는 타깃에게 '전략적으로 집중'하는 것이 핵심입니다. 타깃을 처음부터 좁게 설정하는 것이 아니라 넓게 보되 반응을 보며 정제해 나가는 과정이 바로 타기팅입니다.

저는 타기팅을 이렇게 비유합니다. 감나무 아래에서 입을 벌리고 감이 떨어지기를 기다리는 것이 아니라 감나무 과수원에 사다리를 들고 가서 직접 감을 따는 것이 더 빠르고 정확한 방법입니다. 이미 설득되어 있는 사람만을 찾아내어 그들에게만 광고하겠다는 상상 속의 전략은 그 '설득된 소수'가 실제로는 거의 존재하지 않는다는 사실을 간과한 접근입니다.

타깃 광고는 설득의 기술이며 다수 중에서 소수를 찾는 것이 아니라 만들어내는 행위입니다. 우리가 광고를 통해서 해야 할 일은 미리 준비된 사람을 찾는 것이 아니라, 가능성이 있는 사람을 발견하고 그들을 설득 가능한 사람으로 끌어내는 일입니다.

실무적으로 보면 국내에서 일반적인 업종의 광고에서 타기팅 모수 10만 명 이하로 설정하는 것 자체가 광고의 확산력과 AI의 광고 최적화 알고리즘의 작동 여지를 제한합니다. 국내 광고에서 타깃 모수를 10만명 이하로 좁히는 광고 설정을 되도록 지양하시기 바랍니다. 플랫폼은 충분한 데이터가 쌓여야 반응을 학습하고 더 나은 퍼포먼스를 끌어낼 수 있습니다. 그러나 너무 협소한 타깃 설정은 학습이 불가능한 환경을 만들고 광고가 충분히 노출되지도 못한 채 예산만 소비됩니다. 그 결과 같은 사람에게 반복적으로 광고가 노출되고 빈도수가 과도하게 증가하면서 오히려 전환율은 떨어지고 브랜드 피로도는 높아집니다.

　광고는 정확히 찌르기 위해 처음부터 좁게 시작하는 것이 아니라 처음에는 넓게 보고 데이터로 구분하고 거기서 반응하는 집단을 찾아 그물을 치는 방향으로 운영되어야 합니다. 이는 감각이나 직관만으로 되는 것이 아니라 실제 데이터와 플랫폼 알고리즘을 이해하는 전략적 사고가 필요한 영역입니다. 여러분의 타기팅이 너무 좁혀져 있지는 않은지, 타기팅의 목적을 잘못 해석하고 있지는 않은지 지금 점검해 보시기 바랍니다. 좁히는 것이 아니라 관찰하고 구분해 내는 것이 타기팅의 본질입니다.

PART. 3

실전!
핵심 광고 실행 및
운영전략

실제 광고를 집행하기 시작하면 예산 부족, 처음 보는 복잡한 광고 설정 등 현실적인 문제에 직면합니다. 이 PART에서는 예산을 얼마나, 어떻게 집행해야 효과적인가에서부터 예산의 오버런을 피하고 효율을 유지하는 광고 집행의 기본 원칙, 그리고 매일 반복적인 관리가 필요한 항목들까지 실무 중심의 내용을 다룹니다. 도달 광고의 구조를 잘 이해한 뒤 실행력을 높이기 위한 최소한의 전략과 판단 기준을 갖추는 것이 중요합니다. 실전 캠페인에서 헷갈리기 쉬운 수많은 변수 속에서 이 PART가 마케터에게 나침반 역할을 할 것입니다.

타깃 광고를 잘하려면 비용을 집행해 보라!

여러분이 라면을 한 번도 끓여보지 않은 사람에게 라면 끓이는 것을 말로만 설명하거나 텐트를 한 번도 쳐보지 않은 사람에게 텐트 치는 것을 말로만 설명하실 수 있으신가요? 설명은 가능하겠지만 상대방이 제대로 이해하기는 어려울 것입니다. 주식 투자를 말로만 설명 가능할까요? 주식 투자를 하는 법은 말로 설명할 수 있겠지만, 주식 투자를 잘하는 방법을 영상이나 이미지 없이 말로 설명하기는 더 어려울 것입니다.

저는 2012년 이후에 거의 매월 2회 이상 타깃 광고 교육을 매일경제 교육센터나 지역상공회의소, 언론사 최고위 과정 등에서 진행해 왔습니다. 그런데, 교육을 들은 후 실제로 본인이 직접 광고 집행을 해보고 타깃 광고 집행 역량이 내재화되신 분은 많지 않은 것 같습니다.

이 책도 마찬가지입니다. 이 책을 읽고 도달 광고의 중요성을 인식해서 실제로 포트폴리오를 재구성하신다면 그것만으로도 성공입니다. 직접 하지 않더라도 담당 직원이나 광고 대행사에 지시하거나 제안을 요청하는 것만으로도 충분히 의미 있는 첫걸음입니다.

하지만 모든 강의와 교재, 교육이 그렇듯이 읽어보고 교육받을 때는 그럴듯하지만 시간이 지나면 잊혀집니다. 결국 '언젠가 해야 할 일'로 다이어리에만 남을 뿐입니다. 이 책이 그런 책이 되지 않으려면 읽는 즉시 담당 직원이나 계약된 광고 대행사에 바로 지시를 내리시기 바랍니다.

그런데, 직접 광고를 집행해야 한다면 이론적인 스터디를 더 이상 하지 말고 지금 바로 메타 광고에서 비즈니스 가입을 하시거나 구글 애즈 계정을 만드셔서 광고 집행을 하시기를 바랍니다. 그리고 신용 카드를 걸고 광고를 실제 집행해 보시고 감을 잡으시기를 바랍니다. 하루에 5천원이라도 됩니다. 일단 광고를 송출해 보시기를 바랍니다.

직접 해보아야 합니다. 직접 신용 카드를 걸고 광고비를 집행해서 실제로 얼마가 지출되었는지 핸드폰 문자로 확인하는 경험을 해보아야 합니다. 그래야 광고에 대한 이해, 업종에 대한 이해가 늘어납니다. 책으로 보고 눈으로만 보아서는 실력이 늘지 않습니다. 실제로 비용이 나가고 나의 돈이 지출되어야 긴장감이 들고 집중되고 광고에 대한 실력이 늘어나게 됩니다.

내가 가진 내 업종에 대한 인사이트에 광고를 결합해야 합니다. 그것이 가장 위대한 자산입니다. 그렇게 되어 내가 무엇인가를 얻는다면 그것은 순전히 나의 자산, 나만의 노하우가 되는 것입니다. 업종과 광고가 결합한 인사이트를 얻을 수 있습니다.

여러분이 직접 광고를 집행하신다면, 그 과정에서 주식 투자를 하는 것과 유사한 감정을 느끼게 될 가능성이 큽니다. 매일 일정 예산이 소진됩니다. 투자금으로 마이너스가 아닌 수익을 기대하듯 광고 예산도 마찬가지입니다. 일간·주간·월간 예산에 맞춰 단위 시간당 클릭, 노출, 문의가 들어와야 합니다. 그렇지 않으면 그냥 비용이 날아가게 될 것입니다. 주식 투자로 손실을 보는 것과 동일합니다. 게다가 주식 투자는 언젠가 소위 '존버'를 하면 원금 회복을 할 가능성이라도 있지만, 잘못 지출된 광고비는 다시 돌아오지 않습니다. 그러기에 주식 투자보다 긴장됩니다.

아무래도 본인의 비용이라면 긴장될 수밖에 없으며 금융 투자와 같은 느낌이 들게 됩니다. 투자에서 수익을 추구하는 것처럼 광고에서는 효율을 찾을 수밖에 없습니다. 이러한 경험 속에서 광고는 성장하게 됩니다.

광고주가 직접 광고한다면 직접 투자자와 같고, 광고 대행사가 하게 되면 펀드 매니저와 같습니다. 펀드 매니저도 고객의 자금을 관리해야 하기에 긴장할 수밖에 없으며, 수익이 나지 않으면 고객과의 계약을 유지할 수 없을 것입니다. 저는 10여년 전에도 고객의 광고 계정을 직접 세팅했었고, 지금도 그렇습니다. 펀드 매니저와 같은 긴장감이 광고에 대한 성장의 원천인 것 같습니다.

여러분도 그렇게 광고를 여러분의 비용으로 여러분의 신용 카드로 집행해 보시기 바랍니다. 분명히 성장할 것입니다. 저의 광고에 대한 지론은, 돈이 아까운 느낌 때문에 긴장감이 생겨야 광고는 발전할 수 있습니다.

꾸준히 업로드 하면 된다는 착각!

자동차는 달리는 데 의미가 있고 비행기는 날아야 의미가 있습니다. 맛이 있어야 맛집이며 배만 채울 수 있다면 맛집이 아닐 것입니다. 도달 매체는 도달되어야 의미가 있습니다. 검색 계열의 광고는 검색되어야 의미가 있습니다. 반대로 생각해 보겠습니다. 클릭 되지 않는 검색 광고는 의미가 없을 것이며 일방문자가 없는 블로그는 의미가 없을 것입니다.

그런데 도달 광고를 검색의 블로그처럼 이해하는 경우를 저는 자주 목격합니다. 저는 한국에서만 네이버 중심의 세계관으로 도달 광고를 이상하게 이해하는 습성이 있다고 생각합니다. 이유는 네이버의 국내 시장 독과점 때문일 것이고, 우리가 네이버에 너무 익숙해진 결과일 것입니다.

이 네이버적 세계관이 비용과 시간을 허비하게 만드는 주범이라고 생각합니다. 이 세계관은 모든 광고에 있어서 열심히 포스팅만 하면 된다는 보편적인 잘못된 진리가 되어버렸습니다. 그 결과

일부 검색 기반 광고 업체들이 이를 이용해 매출을 올리고, 강사들은 강의 소재로 활용합니다. 결국 여러분들이 가스라이팅을 당하고 있다고 저는 생각합니다.

우선 채널 운영과 도달 방식의 타깃 광고는 분명히 구분하되 병행하여 운영되어야 합니다. 여러분의 콘텐츠 운영 채널들 즉 여러분의 회사의 공식 인스타, 공식 페이스북, 공식 유튜브가 광고 없이 도달이 많아지려면 팬이나 팔로우, 구독자가 많아야 합니다. 팬이나 팔로우, 구독자가 빨리 늘어나기가 쉬울까요? 이들 수치가 빨리 늘어나는 것은 인플루언서나 연예인이 가장 유리합니다. 일반인은 인플루언서나 연예인처럼 팬, 팔로우, 구독자가 빨리 늘어나지 않습니다.

그래서 여러분의 채널 운영에서도 저렴하고 경제적인 광고를 이용하여 팬, 팔로우, 구독자가 아닌 사람에게도 도달시켜야 합니다. 그런데 대부분 광고주들은 콘텐츠 채널의 운영을 관습적으로 그냥 진행합니다. 언젠가 인플루언서가 될 가능성이 있다면 모르겠지만 확률적으로 매우 어렵습니다. 이 상태에서 콘텐츠에 반응하는 사람들을 보면 회사의 직원들, 가족들, 이벤트 때 만들어진 일부 팬이 전부입니다. 그래서 광고를 통한 도달이 함께 필요합니다.

여러분 회사의 공식 홍보 채널은 인게이지먼트 즉, 상호성이 있어야 합니다. 상호성이 있어야 한다는 말은 댓글이 있어야 하고 '좋아요'가 있어야 하고 활성화된 느낌이 있어야 한다는 말입니다. 지금 그렇게 운영되고 있나요? 대부분의 대기업 채널이 아니라면 그렇지 않습니다.

그래서 저는 업로드 횟수가 적더라도 도달이 중요하다고 생각하며 그러기 위해서 유료 도달 광고를 일부라도 집행하는 것이 낫다는 지론입니다. 예를 들어 유튜브 영상 1편 제작 원가가 20만원인데 100명이 본다면 2편 제작하지 말고 1편만 제작해서 20만원으로 광고하면 1만명이 보게 만들 수 있습니다. 제가 말씀드리고 싶은 것은 블로그 마케팅 방식을 그대로 도달 채널에 적용하는 관습적인 업로드는 아무 효과가 없다는 점입니다. 오히려 여러분의 불안감만 달래주는 역할에 그치는 경우가 대부분입니다.

관습적인 업로드는 이미 우리를 아는 소수 팬들과 기존 구독자들에게만 반복해서 노출될 뿐입니다. 아무런 광고를 하지 않을 때 도달 광고의 평균 도달률은 매체마다 다르지만 5% 정도입니다. 내 팬이 100명이라면, 5%인 5명 정도에 도달합니다. 나와 회사 직원, 그리고 나의 지인들 100명이 팬이라면 내가 아는 사람 5명이 매일 보게 되며 이론적으로 5×20=100, 물리적으로 20일간 동일 콘텐츠를 올려야 나의 팬, 100명이 모두 볼 수 있다는 결론입니다.

물론 여러분의 콘텐츠가 바이럴 알고리즘을 탄다면 대규모 노출이라는 행복한 결론으로 다르게 나올 수 있겠지만, 일반적인 경우에 팬이 부족한 상태에서 콘텐츠만 업로드하는 것은 아무런 의미가 없습니다. 차라리 블로그 채널이라서 누적 콘텐츠로 방문자를 장기간 여러 키워드로 늘린다는 것은 의미가 있을 수 있겠지만 소셜 미디어, 유튜브와 같은 콘텐츠는 이렇게 장기간 여러 경로로 유입 성과를 기대하기도 어렵습니다.

공식 소셜 채널에서 실제 자연 도달로 성공하는 콘텐츠들은 업로드하면 대부분 24시간 이내에 성과가 판가름 나게 됩니다. 이후 며칠간 더 도달되지만 사람들의 반응이 없을 경우 해당 콘텐츠는 더 이상 도달이 증가하지 않고 천천히 하강 그래프를 그리며 수명을 다하게 됩니다. 여러분의 지인들이 올린 콘텐츠들도 최근의 것만 보이고, 과거의 것은 보이지 않는 것과 같습니다. 계속 도달하려면 광고가 필요합니다.

여러분이 아무런 전략 없이 그저 부지런함, 근면성을 위주로 콘텐츠를 운영한다면 이러한 콘텐츠를 올려도 별 반응이 없는 상태가 지속되는 결론에 도달할 것입니다. 그리고 '왜 이렇게 사람들이 보지 않을까?'라고 하는 의문만 가지고 여러분의 페이스북, 인스타그램, 유튜브 콘텐츠 운영은 지쳐서 끝날 가능성이 높습니다.

무엇이 더 효율적일지에 대해서 시간과 비용의 투자라는 측면에서 생각해야 합니다. 마케팅 직원의 시간을 어디에 쓸지 판단하셔야 합니다. 반응도 거의 없는 콘텐츠를 매일 만들게 할 것인지, 아니면 적은 수량이라도 반응을 이끌어낼 수 있는 콘텐츠를 제작하고 광고를 붙여 도달률을 높이게 할 것인지 말입니다.

도달 광고 비용을 아끼는 비법

도달 광고의 결제는 대부분 신용 카드나 체크 카드로 진행됩니다. 일부 카카오, 네이버, 모비온 등의 국내 기업이 만든 도달 광고는 가상계좌 입금으로 진행되기도 하지만 대부분 신용 카드나 체크 카드 결제 방식이 가장 많습니다. 신용 카드는 우리의 일상생활에서도 여러 할인과 적립을 주는데 광고 결제에서도 마찬가지입니다.

먼저 페이스북, 인스타그램, 틱톡, 구글, 유튜브 등의 광고는 국내가 아니라 해외에 본사를 두고 있는 플랫폼입니다. 국내에서 결제하여도 해외 결제로 분류됩니다. 신용 카드를 결제해 보면 해외 결제를 알리는 문자가 오고, 여러분이 평소에 해외 결제를 하지 않다가 광고하면 신용 카드 회사로부터 카드 분실이나 도난이 아닌지 전화가 올 것입니다.

해외 결제에 해당하므로, 평소 환전이나 해외여행에서 높은 할인율을 제공하는 신용 카드를 활용하시는 것이 좋습니다. 대부분의 카드사에서는 해외 사용액에 대해 1.8%~2.2% 정도의 할인율이나 캐시백을 제공하는 상품들을 운용하고 있으니, 이런 혜택을 잘 활용하면 해외 결제 시 부담을 줄일 수 있습니다.

또한 세금 납부를 제외한 거의 모든 국내외 거래에서 할인 혜택을 받을 수 있는 카드들도 있습니다. 업무용 물품 구매든 교통비 결제든 상관없이 최대 2% 정도까지 할인받을 수 있는 카드 상품들이 나와 있으니, 본인의 사용 패턴에 맞는 카드를 찾아보시면 도움이 될 것 같습니다.

신용 카드들의 적립포인트는 대부분 중소기업을 위한 혜택이 많습니다. 이러한 혜택을 받으려면 카드 가입 시 회사가 소기업인지 중기업인지 확인할 수 있는 서류를 신용 카드 회사에 제출하면 됩니다. 기업 분류를 소기업과 중기업으로 구분하는 것은 중소벤처기업부에서 담당합니다. 그리고 소기업과 중기업을 구분하는 인증서는 중소기업진흥공단에서 발급받을 수 있습니다.

소기업과 중기업의 분류는 업종마다 다릅니다. 예를 들어 제조업의 경우, 소기업은 평균 매출액이 120억 원 이하, 중기업은 120억 원 초과 1,500억 원 이하로 구분됩니다. 이러한 소기업이나 중기업 인증서를 중소기업진흥공단에서 받아서 카드회사에 제출하여 여러분이 광고비를 신용 카드나 체크 카드로 쓰면 적립금이 국내외에서 모두 적립됩니다.

저는 지금까지 농협, 롯데, 하나카드의 체크 카드를 주로 광고 혜택이 좋아서 사용해 왔습니다. 1,000만원을 사용하면 10~20만 원이 적립되는 큰 적립금이니 반드시 이 제도를 활용하시기를 바랍니다. 캐시백은 출금을 원할 시에 카드회사에서 여러분의 통장으로 실시간으로 입금됩니다. 단기적인 현금성 이득은 물론이고 장기적으로는 광고비 총액의 2~3%를 회수하는 구조를 만들 수 있으므로 매달 수백만 원씩 광고를 집행하는 광고주에게는 결코 무시할 수 없는 혜택입니다.

광고비는 '지출'이 아니라 '투자'입니다. 그리고 현명한 투자는 단지 성과를 내는 것에서 끝나는 게 아니라 지출 자체를 구조적으로 최적화하는 것까지 포함됩니다. 작은 수치처럼 보여도 연간 단위로 환산하면 수백만 원에서 수천만 원에 이르는 차이를 만들 수 있습니다.

업종에 맞는 광고 포트폴리오가 중요하다

최근의 디지털 마케팅 환경에서 성과를 좌우하는 중요한 요소 중 하나는 바로 내 업종과 입지에 적합한 광고 포트폴리오의 구성입니다. 많은 광고주들이 여전히 '무엇을, 얼마나' 집행할 것인가에 집중하지만 진짜 중요한 질문은 따로 있습니다. 바로 '내 업종, 내 입지, 내 예산, 내 고객의 특성에 맞는 광고 포트폴리오를 구성하고 있는가?'입니다.

이미 광고는 단일한 매체로 승부를 보기 어려운 시대에 들어섰습니다. 모바일 사용률은 계속 증가하고 소비자들은 특정 플랫폼에만 머무르지 않습니다. 출근길에는 유튜브를 보고, 점심시간엔 인스타그램을 둘러보고, 저녁에는 네이버 검색을 하며, 밤에는 틱톡이나 커뮤니티 앱에서 정보를 소비합니다.

소비자의 시간과 관심은 완전히 분산된 구조속에 있기 때문에 광고도 그에 맞춰 유연하게 흩어질 필요가 있습니다. 그런데 여전히 많은 광고주들이 네이버에 집착하고 있습니다. 물론 네이버는 여전히 중요한 광고 채널이고, 특히 검색 기반의 고관여 상품에는 강력한 효과를 발휘합니다. 하지만 네이버만으로는 모든 것을 커버할 수 없습니다.

문제는 각 플랫폼이 AI 기반의 타기팅 기술을 점점 더 고도화하고 있다는 점입니다. 각자의 플랫폼 안에서 사용자의 나이, 성별, 관심사, 지역, 심지어 직업과 소득 수준까지 분석해 광고를 정밀하게 보여주고 있습니다. 이런 정교한 타기팅이 가능한 시대에, 한두 개의 플랫폼만으로 광고를 집행하는 것은 곧 예산의 비효율로 이어질 수 있습니다. 광고비는 계속 쓰이지만 정작 고객은 다른 플랫폼에 있을 수 있기 때문입니다.

이런 변화는 이미 공공기관에서도 오래전에 감지되었습니다. 10여 년 전부터 등장한 '뉴미디어 담당관'이라는 직책이 대표적인 사례입니다. 예전에는 네이버 블로그 정도만 관리하면 되었지만 페이스북, 유튜브, 트위터, 인스타그램 등 관리해야 할 홍보 매체가 증가하면서 이를 전문적으로 다룰 사람을 따로 두기 시작한 것입니다.

기업에도 이 전략은 그대로 유효합니다. 다양한 광고 매체를 이해하여 업종별로 적절한 포트폴리오를 설계하고, 그것을 운영할 수 있는 인력이 반드시 필요합니다. 하지만 현실적으로 내부 인력만으로 이를 감당하기란 쉽지 않습니다. 직원 한두 명이 매체별 특성과 알고리즘, 광고 크리에이티브와 전환 분석까지 모두 담당하기엔 시간도 전문성도 부족할 수밖에 없습니다.

외부의 힘을 빌리는 것도 전략적 선택이 될 수 있습니다. 광고 대행사나 컨설팅 전문가처럼 다수의 업종을 경험한 사람들과 대화를 나누는 것부터 시작해 보시기 바랍니다. 광고는 결국, 내 고객이 어디에 있는지를 정확히 파악하고 거기에 예산을 맞춰가는 일입니다. 그 시작은 업종에 맞는 광고 포트폴리오를 설계하는 데 있습니다.

규모와 입지에 맞는 광고 포트폴리오가 중요하다

광고 포트폴리오를 설계할 때 흔히 빠지는 오류 중 하나는 같은 업종이면 비슷한 전략을 쓰면 된다는 단순한 접근입니다. 예를 들어 병원은 병원대로, 학원은 학원대로, 식당은 식당대로 하나의 정형화된 광고 방식을 따라가려는 경향이 있습니다. 하지만 진짜 마케팅 성과는 업종과 더불어 입지와 고객군의 특성에 따라 포트폴리오를 어떻게 달리 구성하느냐에 달려 있습니다.

저의 경험으로 '대기업 출신의 마케터를 입사시켰는데 실패했다'는 많은 기업들의 문제는 그 마케터가 큰 회사만 마케팅해 본 경험을 가지고 있기 때문입니다. 작은 회사의 광고 구성 포트폴리오나 성공방정식을 모르는 이유가 있습니다. 예를 들어 같은 병원이라도 강남역, 부평역처럼 유동 인구가 많은 역세권에 위치한 병원과 아파트 단지 안에 있는 거주 밀집 지역의 병원은 고객의 유입 방식이 전혀 다릅니다.

역세권 입지의 병의원은 경쟁이 치열하고 고객이 빠르게 비교하기 때문에 검색 기반 광고나 유튜브, 인스타그램 등을 활용한 도달 중심의 포트폴리오가 필요합니다. 반면 아파트 상가에 있는 경우는 입주민 위주의 동네 광고가 중심이 되므로 지역 타깃이 뚜렷한 당근마켓, 네이버 플레이스, 맘카페와 같은 로컬 도달 중심의 포트폴리오가 더 효과적일 수 있습니다.

학원 역시 마찬가지입니다. 교통의 요지에 있는 학원은 학부모들이 '검색'이나 '리뷰'를 기반으로 비교 선택하는 경우가 많고, 경쟁 학원들과의 차별성을 강조하는 콘텐츠 광고가 중요해집니다. 반면 아파트 단지 내 학원은 '거리 접근성'과 '이웃의 추천'이 중요한 선택 요소가 되기 때문에 오프라인 입소문과 지역 커뮤니티 광고가 훨씬 더 큰 영향을 미칩니다.

식당도 동일합니다. 지역에서 이미 이름이 난 맛집은 인스타그램, 유튜브와 같은 감성 중심의 타깃 광고가 유리하며 점심 장사 위주의 오피스 상권 식당은 빠른 회전과 '1인 고객'이 중심이기 때문에 낮 시간대 배너 광고나 쿠폰 이벤트 중심의 SNS 광고가 효과적입니다. 반면 아파트 상가에 있는 가족 단위 고객 대상의 식당은 리뷰와 사진 중심의 콘텐츠형 광고, 단골 관리를 위한 지역 타깃 푸시 알림 광고가 더 유리합니다.

결국 업종만으로 광고 포트폴리오를 정의하는 것은 절반만 맞는 이야기입니다. 업종과 함께 중요한 것은 입지, 타깃 고객의 생활 방식, 유입 경로, 그리고 경쟁 구조입니다. 같은 병원이라도, 같은 식당이라도, '어디에 있는가'와 '누가 오는가'에 따라 전혀 다른 광고 전략이 필요합니다.

이런 이유로 마케터는 단순히 업종별 광고 매뉴얼을 따르기 보다 매장의 입지, 고객 특성, 주변 경쟁 구조까지 분석해 맞춤형 포트폴리오를 설계해야 합니다. 정답은 없습니다. 하지만 틀린 포트폴리오는 분명 존재합니다. 그리고 그것은 대부분 입지와 고객 분석 없이 '그 업종은 원래 이렇게 한다더라'는 방식에서 시작됩니다. 업종이라는 틀을 넘어서 입지 중심, 고객 중심, 행동 중심으로 광고 포트폴리오를 재구성하는 사고의 전환이 필요합니다.

오버런은 위험하다, 매일 광고 설정을 점검하라

광고를 통해 매출과 이익을 내기 위해 시작했지만 오히려 광고로 인해 큰 손실이 발생하는 사례는 생각보다 많습니다. 이는 단순한 실행의 실수라기보다는 계속 모니터링 하지 않으면 손실이 발생한다는 것을 생각하지 못한 데서 비롯됩니다. 특히 디지털 광고는 클릭 한 번, 설정 하나로 수십만 원에서 수억 원까지 자동 지출이 이루어지는 시스템이기 때문에 금융 상품을 다루는 것처럼 규칙적이며 세심한 관리가 필수적입니다.

2025년 4월, 실제로 저희 회사가 국내 상위 광고 대행사를 통해 받은 공지 중에는 한 중소 광고 대행사가 틱톡 광고 계정의 화폐 단위를 원화(KRW)가 아닌 달러(USD)로 설정하는 실수를 범한 사건이 있었습니다. 이로 인해 단기간에 약 79억 원이라는 어마어마한 광고 예산이 과지출 되었습니다. 규모가 작은 대행사였다면 사실상 파산에 이를 수 있는 금액입니다. 이 사건은 단순한 클릭 실수가 아니라, 광고 설정과 모니터링의 부재가 얼마나 심각한 결과를 초래할 수 있는지를 극명하게 보여주는 예시입니다.

이와 같은 사례는 금융업계에서도 흔히 보입니다. 뉴스를 보면 종종 증권사 직원이 매도주문 수량을 잘못 입력해 수십억, 수백억 원의 손실을 낸 사건이 보도되곤 합니다. 일반인의 눈에는 이해되지 않을 수 있지만 숫자 하나의 실수, 설정 하나의 오류가 바로 '손실'로 직결되는 시스템이 금융뿐만 아니라 디지털 광고에서도 동일하게 적용된다는 점을 꼭 인식해야 합니다.

가장 흔하게 발생하는 광고 설정의 실수 중 하나는 일일 광고 예산 설정의 실수입니다. 예를 들어 일일 10만 원으로 설정해야 할 광고 예산을 100만 원으로 입력해 '0'을 하나 더 붙이는 실수는 매우 자주 일어납니다. 만약 이 설정을 10일간 그대로 두었다면 예상보다 900만 원이 더 지출되는 '오버런'이 발생하는 셈입니다. 그럼에도 불구하고 많은 광고주와 담당자들이 초반 세팅 이후에는 광고 계정을 거의 열어보지 않거나 실제 지출 내역을 점검하지 않는 경우가 많습니다. 신용 카드를 걸고 광고하는 경우가 많으니 반드시 유의하여야 합니다.

이러한 이유로 광고는 매일 점검하는 것이 원칙입니다. 지출 이상 여부, 적절한 노출 대비 클릭률, 비정상적인 캠페인 동작 여부를 매일 체크해야 합니다. 그리고 인간의 실수로부터 손실이 발생하는 경우를 보완하기 위해 구글, 유튜브, 페이스북, 인스타그램, 틱톡, 네이버, 카카오 등에서는 일일 예산 한도, 계정 전체 한도의 설정 기능을 제공하니 적극 활용하시기 바랍니다.

또한 많은 플랫폼은 사용자의 지출 패턴과 예산 변화에 따라 비정상적으로 큰 예산을 설정하는 것이 발견되면, 실제로 이 설정을 원하는지 시스템에서 되묻기도 합니다. 이러한 옵션은 단순한 보조 기능이 아니라 광고 예산을 지키는 보험과 같은 핵심 안전장치입니다. 반드시 활성화해 두어야 합니다.

광고는 우리가 흔히 생각하듯 '홍보의 도구'이기도 하지만, 본질적으로는 실시간 금융 거래 시스템과 유사한 '자동화된 지출 플랫폼'입니다. 365일, 24시간, 주야간 집행되는 시스템입니다. 타깃과 소재, 전략도 중요하지만 계정의 안전한 운영과 오버런 방지는 광고 운영의 기본이자 전제 조건입니다.

타깃 광고에서 실수를 줄이는 방법은 기술도 전략도 아닌, '매일 광고 관리자 계정을 여는 습관'입니다. 광고는 '돌려놓고 끝나는 자동 시스템'이라고 생각하지 마시기를 바랍니다. 매일 확인하고, 세심하게 조정하고, 예산과 성과를 긴장감 있게 바라보는 자세가 성공하는 광고의 공통점입니다. 예산 과지출은 방심에서 생깁니다. 이 책을 보시는 분께서 CEO 또는 관리직급의 담당자라면 실무관리자에게 매일 광고 상태를 물어보거나 보고를 받으시기 바랍니다.

화폐 단위는 되도록 원(₩)을 사용하라

광고를 처음 집행하는 마케터나 초보 광고주들이 자주 묻는 질문 중 하나가 "광고 계정을 만들 때 화폐 단위를 원(₩)으로 설정해야 하나요, 달러($)로 해야 하나요?"입니다. 이에 대한 저의 대답은 명확합니다. 가능한 원(₩)으로 설정하는 것이 좋습니다. 특히 한국 시장의 고객에게 타깃 광고를 운영하는 경우라면, 더욱 그렇습니다.

그 이유는 실무적으로 매우 간단하지만 중요한 원칙에서 출발합니다. 광고 계정에서 한 번 설정한 화폐 단위는 집행이 시작된 이후에는 대부분의 플랫폼에서 변경이 불가능하거나, 변경 시 전체 계정을 새로 만들어야 하는 번거로움이 따르기 때문입니다. 즉, 광고 계정의 개설 초기에 화폐 단위를 잘못 설정하면 광고 성과 분석이나 비용 관리에서 지속해서 불편을 겪게 됩니다. 그래서 처음 계정을 생성할 때부터 화폐 단위를 신중하게 선택해야 합니다.

일부 광고주나 마케터는 "페이스북이나 구글은 미국 기업이니까 달러로 하는 게 맞지 않나요?"라는 질문을 하기도 합니다. 실제로 글로벌 기업의 광고 계정은 국가별로 다양한 화폐 단위를 사용하는 경우도 있고, 달러 기준의 글로벌 예산을 집행하는 것도 일상적인 일입니다. 하지만 개별 광고 관리자 혹은 국내 광고주 입장에서 가장 중요한 기준은 '익숙함'입니다.

예를 들어 광고 관리자 화면에서 클릭당 단가(CPC)가 0.245달러로 표시되었다고 가정해 보겠습니다. 이 숫자가 과연 비싼 건지, 싼 건지, 혹은 목표 CPC와 비교해 괜찮은 성과인지를 감각적으로 바로 파악하기 어렵습니다. 환율을 곱해서 계산기를 두드려야 겨우 330원인지, 360원인지 감이 오게 됩니다. 반면에 클릭당 712원, 983원, 1,120원 같은 단가는 어떻습니까? 한국인이라면 숫자를 보는 순간, '이건 비싸네', '예산에 비해 효율이 떨어지네'라는 감각이 광고 경험이 있는 마케터라면 바로 작동합니다. 광고는 숫자를 읽는 감각 싸움인데 단위가 익숙하지 않으면 판단이 느려지고 정확한 의사결정도 이루어지기 어렵습니다.

또한 광고 성과를 내부 보고용으로 작성할 때도 화폐 단위는 중요합니다. 팀장이나 대표, 클라이언트에게 광고 성과 보고서를 제출할 때 달러 기준으로 작성한 보고서는 불필요한 해석과 설명을 요구합니다. 반면 원화 기준은 바로 반응을 얻을 수 있고 불필요한 커뮤니케이션 손실을 줄여줍니다. 그리고 여러 광고를 섞어서 포트폴리오를 구성할 것인데 특정한 광고만 외환으로 표기되면 관리가 복잡해집니다.

물론 환율이 급변할 때는 달러 단위가 유리할 수 있다는 주장도 있지만 그것은 글로벌을 대상으로 광고를 운영하는 큰 기업이나 수출기업에 해당할 것입니다. 국내 소비자, 국내 매출, 국내 카드 결제 기반의 광고주에게는 '화폐 단위가 익숙한가?'는 곧 효율성과 직결되는 문제입니다.

세로 포맷 9:16의 동영상은 당분간 비용적으로 유리하다

요즘 "이제는 영상으로 광고해야 한다."는 말에 이의를 제기하시는 광고주는 없으실 것입니다. 왜 그럴까요? 사람들은 글보다 영상을 더 선호한다는 이야기, 영상이 시각과 청각을 동시에 자극해서 몰입도가 높다는 분석, 혹은 바이럴 가능성이 높다는 이유 등 다양한 설명이 뒤따릅니다. 물론 그 모든 이유가 맞는 말입니다.

하지만 제가 실무에서 다양한 플랫폼을 동시에 운영하며 가장 강하게 체감하는 이유는 조금 더 경제적이고 전략적인 포인트에 있습니다. 바로 세로형 영상, 즉 9:16 포맷의 동영상 광고가 현재 '비용 대비 도달 효과' 면에서 플랫폼 간의 경쟁으로 가장 유리한 시점에 있다는 사실입니다.

광고 플랫폼들은 언제나 수요와 공급의 원칙에 따라 광고 단가를 책정합니다. 플랫폼이 막 성장할 초기에는 광고 단가가 낮습니다. 반면, 플랫폼이 자리 잡고 광고 수요가 많아지면 단가는 올라갑니다. 유튜브의 가로형 영상 광고가 바로 그런 케이스입니다. 초기에는 광고비를 조금만 투자하고도 지금보다 저렴한 비용으로 많은 도달을 끌어낼 수 있었습니다. 하지만 지금 가로형 동영상에서는 유튜브가 시장을 거의 장악하였고 수많은 기업과 브랜드가 유튜브 유료 타깃 광고에 뛰어들었습니다. 경쟁이 치열해지고 그만큼 단가도 높아졌습니다.

반면, 지금 이 시점에서 세로형 동영상 플랫폼들인 쇼츠, 릴스, 틱톡은 서로 점유율을 놓고 치열하게 경쟁하는 중입니다. 이들은 단순히 콘텐츠 소비만 장려하는 것이 아니라 광고 생태계에서도 세로형 포맷을 확장하려는 전략을 펼치고 있습니다. 즉, 세로형 콘텐츠의 도달을 늘리기 위해 의도적으로 광고 단가를 경쟁력 있게 유지하고 있다는 것입니다. 아직까지 수요에 비해 공급이 적은 구조인 만큼 적은 예산으로 더 많은 노출을 기대할 수 있는 타이밍이라는 뜻입니다.

실제로 제가 여러 플랫폼에서 동시 광고를 집행해 보면 세로형 동영상 광고의 경우 1명의 시청자를 만드는데 비용이 10~30원 수준으로 형성되어 있는 경우가 많습니다. 반면, 같은 예산으로 유튜브 가로형 영상 광고를 집행하면 1뷰당 40~50원 이상이 소요되는 경우도 흔합니다. 물론 콘텐츠의 퀄리티, 타깃 세분화, 브랜드 인지도 등 여러 변수가 있겠지만 전반적인 단가 구조가 세로형 영상 쪽이 현재 훨씬 저렴하여 도달을 높이기에 유리하다는 것은 분명한 사실입니다.

세로형 영상은 단지 비용만 유리한 것이 아닙니다. 사용자의 콘텐츠 소비 습관 자체가 세로형에 익숙해지고 있습니다. 사람들은 스마트폰을 손에 쥐고 세로로 콘텐츠를 소비합니다. 쇼츠나 릴스, 틱톡은 그 흐름에 최적화된 플랫폼이며 자연스러운 몰입 환경을 제공합니다. 특히 Z세대와 MZ세대는 텍스트 기반 콘텐츠보다 짧고 강렬한 영상 콘텐츠에 익숙합니다. 이들에게 메시지를 전달하고 브랜드를 각인시키려면 이들이 시간을 보내고 있는 형식, 그들이 좋아하는 포맷을 따라가야 합니다.

지금은 세로형 동영상이 비용적으로 가장 유리한 시기이며 도달도 잘 되고 사용자 습관에도 잘 맞는 포맷입니다. 앞으로 몇 년 안에 이 포맷도 광고 단가가 점점 올라갈 가능성이 큽니다. 지금

이 바로 경제적인 이유로도 소재의 전략을 세로형 영상 중심으로 전환할 적기입니다.

타기팅·크리에이티브·예산의 삼박자 균형

타깃 광고를 처음 시작하는 대부분의 광고주나 실무자들은 자신만의 확신 하나를 중심에 두고 전부를 쏟아붓는 경향이 있습니다. '타기팅만 정확하면 반드시 클릭이 일어날 것이다', '예산을 많이 쓰면 무조건 결과가 따라올 것이다', '디자인이 세련되지 않으면 차라리 광고를 안 하는 게 낫다'는 식의 단일 전략 중심 사고입니다. 하지만 저는 직업상 수많은 광고주의 실제 타깃 광고 계정을 열어서 데이터를 들여다보고 컨설팅한 경험을 바탕으로 말씀드리면 이러한 접근이 광고 실패의 가장 흔한 원인이라고 확신합니다.

현장에서 성과가 특출한 광고는 공통으로 하나의 원칙을 따릅니다. 바로 타기팅, 크리에이티브, 예산 전략 이 세 요소의 균형 속에서 성과가 만들어진다는 점입니다. 하나만 잘한다고 해서 광고가 성공하지 않습니다. 광고는 전장이고, 그 전장은 단일 무기만으로 승부가 나지 않는 세계입니다. 타기팅은 정확하나 메시지가 틀리면 고객은 반응하지 않고, 메시지는 좋으나 타깃이 틀리면 엉뚱한 사람만 들어오며, 둘 다 좋지만 예산이 불균형하면 효율은 떨어지고 전체 ROI는 낮아집니다.

특히 초보 광고주들이 가장 많이 범하는 예산 전략의 오류는 '매체별 균등 예산 배분'입니다. 예를 들어 페이스북, 인스타그램, 유튜브, 네이버, 카카오 등 여러 매체에 광고를 집행할 때 모든 매체에 동일한 예산을 나눠주는 것입니다. 공평하게 나눠주는 것이 전략처럼 느껴질 수 있지만 광고에서 '공평함'은 효율과 무관한 기준입니다. 우리가 균등 예산을 좋아하는 이유는 대부분 보고서 작성이 간단하고 평균을 맞추는 것이 안심되는 심리적 요인, 그리고 공평하면 실패하더라도 책임 추궁이 덜 할 것 같다는 생각 때문입니다.

성과가 높은 채널에 더 많은 자원을 집중하는 것이 현명한 포트폴리오 전략입니다. 광고 성과가 높은 매체는 그만큼 더 많은 예산을 배정해야 하고, 효율이 떨어지는 매체는 빠르게 중단하거나 비중을 줄여야 합니다. 예산은 감이 아니라 테스트와 집행의 결과로 조정되는 변수입니다. 따라서 광고 관리자는 지속해서 각 매체의 성과를 비교하고 예산을 움직이고 반응이 가장 좋은 매체에 집중하는 습관을 길러야 합니다.

이처럼 최근의 타깃 광고는 더 이상 '단일 요소의 승부'가 통하지 않습니다. 타기팅은 기본, 설득력 있는 크리에이티브는 필수, 여기에 뒷받침되는 정교한 예산 배분 전략이 함께 맞물릴 때 실질적인 성과가 발생합니다. 이 세 가지 요소는 독립적인 것이 아니라 서로 밀고 당기며 영향을 주는 유기적인 관계입니다.

저는 광고 관리자를 단순히 '타깃 설정을 잘하는 사람'이라 보지 않습니다. 진정한 광고 관리자는 타기팅, 콘텐츠, 예산이라는 세 요소의 균형을 유지하면서도 실시간으로 변화하는 데이터를 읽고 판단을 내리는 '조율자'입니다. 이 조율 능력 없이는 아무리 강한 무기 하나를 가지고 있어도 광고는 제대로 된 효율을 내기가 어렵습니다.

모든 것을 다 A/B 테스트할 수 없다
직관과 A/B 테스트를 섞어라

요즘 광고와 마케팅 관련 강의나 도서를 보면 빠지지 않고 등장하는 개념이 A/B 테스트입니다. 두 가지 이상의 버전(예: 광고 문구, 색상, 이미지, 버튼 위치 등)을 비교하여 어떤 버전이 더 효과적인지를 실험적으로 검증하는 방식입니다. 예를 들어 한 쪽은 빨간 버튼, 다른 쪽은 파란 버튼의 클릭률을 비교하고 전환율을 비교하여 그 결과를 보고 더 나은 쪽을 선택하는 것으로, 말 그대로 데이터 기반의 의사결정 방식입니다.

실무의 문제는 여기서부터입니다. A/B 테스트는 하지 않는 것보다는 분명히 낫지만, 그것이 마치 모든 광고와 마케팅의 해답처럼 이야기되는 건 조금 위험한 신호일 수 있습니다. 실제 현업에선 'A/B 테스트를 어디까지 해야 하느냐?'라는 질문에 부딪히게 됩니다. 모든 조합, 모든 변수, 모든 타깃에 대해 테스트를 다 해볼 수 있을까요? 현실적으로 불가능합니다. 시간이 너무 오래 걸리고 무엇보다 예산이 상당히 소모되기 때문입니다.

광고는 실행하는 순간부터 예산이 지출되고, 테스트는 결국 시행착오의 반복이기 때문에 '과잉 테스트'는 오히려 효율을 떨어뜨리는 지름길이 될 수 있습니다. 특히 중소기업, 스타트업, 예산이 타이트한 브랜드의 경우, 모든 것을 다 실험하기엔 예산과 인력의 리소스가 너무 부족합니다.

여기에 최근 광고 플랫폼들이 제공하는 AI 기반의 A/B 테스트 도구도 사용의 주의가 필요합니다. 페이스북, 인스타그램, 구글, 틱톡 등 주요 광고 플랫폼은 이제 A/B 테스트를 자동으로 설계하고 실행해 주는 기능을 제공합니다. 플랫폼은 이를 '성능 향상을 위한 자동 최적화'라고 말하지만 저는 여기에는 일정 부분 플랫폼의 수익 구조가 반영되어 있다고 추정합니다.

테스트는 실제 광고가 아니라 말 그대로 실험이고 실험에는 광고비가 듭니다. 물론 1번의 실험이 너무 성공적이라 그 실험이 바로 본 광고가 되는 경우도 있지만, 결국 플랫폼 입장에선 광고주가 본격적으로 광고를 집행하기 전에 일정 예산을 소진하게 되는 구조입니다. 효율을 위해서 일부 예산을 테스트한다고 하는 데 반대할 광고주는 많이 없을 것입니다.

그렇다면 광고주 입장에서 어떻게 접근해야 할까요? 저는 '직관과 A/B 테스트의 혼합 전략'을 추천해 드립니다. 이미 여러분이 현장에서 몸으로 겪고 고객 반응을 수없이 경험했고 확신할 수 있는 요소가 있다면, 그것은 굳이 테스트할 필요가 없습니다.

예를 들어 여러분이 5년간 운영한 병원에서 '기미·주근깨 치료는 40대 여성에게 반응이 가장 좋다'는 인사이트를 갖고 있다면, 그 연령대를 중심으로 광고를 설계하고 테스트는 굳이 하지 않아도 됩니다. 이미 누적된 데이터가 여러분의 자산이기 때문입니다.

하지만 자신도 없고 감도 없는 영역, 처음 시도하는 영역은 반드시 테스트가 필요합니다. 예를 들어 새로운 메시지를 시도하거나, 새로운 연령대를 타깃 하거나, 다른 매체에서 광고를 처음 해 보는 경우라면 추측보다는 테스트를 통해 최적 해답을 찾아가는 것이 훨씬 효과적입니다.

시스템이 제공하는 A/B 테스트 기능은 무작정 맡기지 말고 반드시 '테스트 예산' 범위를 수동으로 설정하는 습관을 들이시기를 바랍니다. 실제로 많은 광고주들이 플랫폼의 AI의 권장 설정을 그대로 두었다가 전체 예산의 절반 정도가 테스트에 집행되어 버리는 사례가 종종 발생하고 있습니다. 플랫폼은 알아서 잘해줄 것 같지만 플랫폼의 목적은 우리의 수익이 아니라 그들의 광고 판매 증대와 마진 구조 안에서 고객의 이익을 도모하는 것임을 잊지 말아야 합니다.

A/B 테스트는 분명 강력한 도구입니다. 하지만 도구는 맹신의 대상이 아니라 사용자의 판단력과 결합할 때 가장 강력한 무기가 됩니다. 비즈니스 경험에서 이미 확신할 수 있는 부분은 직관으로 밀고 가고, 감이 없고 데이터가 없는 부분은 테스트를 통해 검증하시기를 바랍니다.

플랫폼 컨설턴트들의 말을 얼마나 믿어야 할까?

글로벌 플랫폼의 광고 컨설팅, 무조건 따라야 할까요? 현재 여러분이 집행하고 있는 대부분의 타깃 광고 플랫폼은 본사가 미국이나 해외에 있는 다국적 기업입니다. 그리고 일정 수준 이상의 광고 예산을 집행하다 보면 어느 날 싱가포르의 아시아본부에서 전화나 이메일이 옵니다. '더 나은 성과를 위해 설정을 이렇게 바꿔보라', '이런 구조로 예산을 운영해 보라'는 조언과 제안들입니다. 실제로 이들은 대부분 한국인 직원이며, 한국어로 친절하게 원격 코칭을 해주기도 하고 광고 금액이 많은 VIP 고객이라면, 그들이 한국 출장을 올 때 직접 회사를 찾아오기도 합니다.

월 100만 원 정도의 예산만 집행해도 이런 컨설팅은 받을 수 있으며 일정 예산 이상 광고를 운용하면 초청 세미나, 온라인 워크숍, VIP 초청행사에도 참여하게 됩니다. 이 자체는 매우 고마운 일이며 플랫폼 본사에서 직접 광고주를 관리해 주는 느낌을 받을 수 있으니 여러분께서 느낄 수 있는 신뢰도 높습니다. 실제로 경험이 부족한 실무자나 중소 광고주는 '이게 정답인가 보다'라고 생각하게 됩니다.

하지만 여기서 반드시 짚고 넘어가야 할 주의 사항이 있습니다. 이들 플랫폼의 목표는 어디까지나 여러분이 경쟁 플랫폼보다 더 많은 예산을 자신들의 플랫폼에 집행하게 만드는 것입니다. 예를 들어 여러분이 유튜브에 100만 원, 인스타그램에 100만 원, 틱톡에 100만 원을 쓰고 있다면 이들 각각의 플랫폼 컨설턴트는 그 예산 중 일부를 자신들의 플랫폼으로 더 많이 가져오고 싶어 할 것입니다.

결국 플랫폼 간 경쟁은 여러분의 예산을 놓고 벌이는 '전략적 전쟁'인 것입니다. 여러분이 특정 플랫폼에 일정 금액을 지출한다면 다른 플랫폼에도 광고 예산을 쓰고 있을 것이기 때문입니다. 플랫폼들은 여러분들의 포트폴리오 전략을 중요하게 생각하지 않습니다. 자신들의 플랫폼 광고 매출이 더 중요합니다.

게다가 이들의 영업이 효과적인 것은 여러분의 업종을 전 세계 단위의 데이터로 접근하기 때문입니다. 예를 들어 여러분의 회사가 연 매출 100억 원의 교육기업이라면, 그들은 연 매출 1,000억 이상의 대형 교육기업 고객의 데이터를 바탕으로 여러분의 광고 설정을 코칭 할 수 있습니다.

표면적으로는 '데이터 기반'의 권위 있고 신뢰성 있는 조언처럼 들리지만 실제로는 현실과 맞지 않는 경우가 상당히 많습니다. 왜냐하면 이들은 여러분 업의 본질을 모르고 고객들의 심리적, 경제적, 취향적, 지역적 특성과 행동양식을 실질적으로는 모릅니다. 하지만 대형 고객의 정보를 많이 가지고 있기에 이에 기반하여 여러분의 비즈니스를 유추한 코칭은 가능합니다. 그리고 여러분께 대기업이나 글로벌 기업의 광고를 집행한 데이터로 코칭해 준다는 말은 상당히 매력적으로 다가올 것입니다.

저 역시 과거에 한 글로벌 타깃 광고 플랫폼의 한국 지사, 싱가포르 본부와 함께 테스트 광고를 집행한 적이 있습니다. 저희 고객은 대기업이었고 광고 플랫폼의 제안에 따라 약 3천만 원의 예산을 3주간 테스트 집행하자는 결정을 내렸습니다. 저는 고객에게 반대 의사를 밝혔고 예산이 아깝다고 보고했습니다. 고객의 제품은 해당 플랫폼이 아니라 전혀 다른 광고 채널에서 더 큰 가능성이 있다고 판단했기 때문입니다. 그러나 플랫폼의 상급 매니저까지 설득하자 고객은 설득되었습니다.

결과는 저의 예상대로였고, 테스트 결과는 고객이 기대한 바를 전혀 충족하지 못했습니다. 고객이 지출한 3천만원의 예산에 대해서는 그 누구도 책임을 지지 않았습니다. 3천만원의 예산으로 얻은 데이터는 그만한 가치가 없었고 테스트 실패는 광고주의 몫이었으며, 플랫폼은 다음 테스트를 제안할 뿐이었습니다. 광고 예산을 결정하는 권한은 궁극적으로 광고주에게 있지만, 광고주의 광고 전체를 관리해야 하는 저의 아쉬운 마음은 어쩔 수 없었습니다.

광고 플랫폼이 제공하는 데이터와 도구는 강력합니다. 그러나 그들이 알고 있는 건 '도구'와 '데이터'이고, 광고주인 여러분이 알고 있는 건 '시장과 고객'입니다. 저는 기본적으로 광고에서 시장과 고객이 더 중요하다고 생각합니다. 도구와 데이터가 매력적으로 보이더라도, 플랫폼의 조언을 무조건 받아들이지 말고 최소한 필터링해서 수용해야 한다는 점은 분명합니다. 그들의 목표는 매출입니다.

예산이 크다고 무조건 성공하지 않으며 올바른 전략도 아닙니다. 대기업의 광고 구조와 중소기업의 광고 구조는 다르며, 그들이 가진 조건과 우리가 가진 조건은 전혀 다릅니다. 대형 광고주들이 활용하는 예산 집행 방식, 광고 크리에이티브 방향, 오디언스 타깃 방식은 규모와 동원할 수 있는 리소스가 다르기 때문에 중소기업이 그것을 따라 하다가 오히려 손해를 보는 경우가 허다합니다.

이런 점에서 저는 플랫폼의 조언 보다 여러분과 긴 호흡을 맞춘 광고 대행사, 또는 인하우스 실무자의 감각과 경험이 더 중요하다고 봅니다. 이들은 적어도 여러분의 제품이 언제 잘 팔리고, 어떤 연령대가 반응하며, 시즌성은 어떠하고, 광고비를 줄일 땐 어디부터 줄여야 하는지를 알고 있습니다.

글로벌 플랫폼의 컨설팅은 참고하지만 맹신하지 마시기를 바랍니다. 그들은 틀릴 수도 있고 일종의 영업 행위가 우선입니다. 그들이 우리보다 업의 본질이나 특수성을 절대 더 많이 알 수 없습니다. 여러분의 고객은 여러분이 더 잘 알 수 있습니다. 플랫폼이 말하는 전략은 '평균값'이나 결과론적 이야기이며, 여러분의 광고는 평균이 아닌 '현장'에서 살아 움직이고 있습니다.

보이면서 보이지 않는 광고, 유튜브 광고 설정

유튜브 타깃 광고에 대한 접근은 단순히 '광고할 것인가 말 것인가'의 문제가 아닙니다. 유튜브라는 동영상 광고 채널을 어떻게 이해하고 어떤 전략으로 활용할 것인가에 대한 관점과 기준의 정립이 우선입니다.

  많은 광고주들이 유튜브 채널을 운영하면서 단순히 콘텐츠를 업로드만 하고, 그다음은 플랫폼에 맡겨두는 경우가 많습니다. 소위 말하는 알고리즘 타기를 막연하게 기다립니다. 그러나 이것은 인플루언서에게나 어울리는 전략일 뿐, 일반적인 기업과 개인들에게는 절대 권장할 수 없는 방식입니다.

  왜냐하면 인플루언서는 이미 '구독자 기반의 자연 도달 구조'를 보유하고 있기 때문입니다. 이들은 이미 구독자가 많기에 업로드만 해도 수천, 수만의 뷰가 기본적으로 확보됩니다. 그러나 일반 기업은 그렇지 않습니다. 구독자 수가 적은 상태에서 아무리 잘 만든 영상이라도 몇 개월이 지나도록 조회수가 100을 넘지 않는 경우가 허다합니다. 결국 영상제작비용과 인건비만 낭비된 셈이 됩니다.

그래서 저는 일반 채널은 반드시 유료 타깃 광고와 결합해 유튜브를 운영해야 한다고 강조해 왔습니다. 유튜브 영상이든, 일반 영상이든, 9:16 비율의 쇼츠이든, 타깃 광고로 도달을 시켜야 비로소 '사람들이 여러분의 영상을 발견하게' 됩니다. 지역, 연령, 성별, 관심사에 맞춘 세분화된 타깃을 설정하고 적절한 광고비를 집행해서 유튜브를 '발견의 채널'로 만들어야 하는 것입니다.

유튜브 광고의 목적은 여기서 끝나지 않습니다. 사람들이 유튜브를 통해 브랜드와 제품을 인지하게 되면 국내 광고의 경우, 그 다음 행동은 대부분 네이버 검색으로 이어집니다. 유튜브에서 본 브랜드가 관심이 있었다면, 사용자는 네이버에 접속해 브랜드명을 검색하고 후기를 찾고 홈페이지를 방문하고 필요하다면 문의하거나 예약까지 하게 됩니다. 이것이 유튜브의 진정한 가치입니다. 단순한 유입 채널이 아니라 브랜드의 인지와 흥미를 유도하는 '트리거(Trigger)' 채널이라는 점입니다.

하지만 많은 광고주들은 이러한 구조를 이해하지 못한 채 유튜브 광고의 성과를 단순히 홈페이지 유입으로만 확인하려 합니다. 문제는 여기 있습니다. 대부분의 홈페이지 유입 분석 툴은 유튜브 광고를 통한 간접 유입을 측정하지 못합니다. 홈페이지 방문 기준을 라스트 클릭으로만 분석하기 때문에 유튜브 광고 효과가 없는 것처럼 보이는 착시현상이 발생합니다. 이러한 착시는 유튜브가 '보이지 않는 광고'처럼 오해받는 근본적인 이유입니다.

여기서 중요한 것은 광고주인 여러분이 숫자 뒤의 맥락을 읽을 수 있어야 한다는 점입니다. 여러분이 최근에 유튜브 광고 예산을 늘렸는데 네이버에서 여러분의 브랜드명 검색량이 늘고 있다면, 그것은 유튜브 광고의 효과가 '검색으로 전이되었다'는 증거일 가능성이 높습니다. 월간 우리 브랜드명을 검색하는 검색자를 추정할 수 있는 네이버 트렌드 검색 서비스와 네이버 키워드 광고 관리자 모드에서 월간, 연간 검색량의 변화 추이를 반드시 점검해 보시기 바랍니다. 그리고 고객 설문이나 매장에서 직접 질문 등 여러 경로로 우리의 브랜드 인지 경로를 파악해 보시기 바랍니다. 분명히 유튜브 광고로 브랜드를 처음 접한 사람들이 적지 않을 것입니다.

홈페이지 분석 도구를 점검해 보면, 유튜브 마케팅을 활발하게 진행하는 대기업조차도, 자사 홈페이지의 유입 통계상 유튜브가 10위권 내에 들지 않는 경우가 많습니다. 그러나 그들의 유튜브 운영은 단지 유입만을 위한 것이 아니라 브랜드 인지 확산과 신뢰 형성을 위한 전략적 수단입니다. 그들은 유튜브의 간접 효과를 이해하고 활용합니다.

결국 유튜브의 1차 역할은 사용자의 무의식에 브랜드를 인지시키는 구조입니다. 따라서 유튜브를 운영하고 있다면, 업로드만으로는 부족합니다. 반드시 일정 예산을 광고에 배분하여 타깃 도달을 유도해야 하며, 그 광고 효과를 단순히 조회수와 홈페이지 유입 데이터로만 해석하지 말고 검색량, 언급도, 문의 경로의 변화까지 종합적으로 분석해야 합니다. 발견의 순간을 설계하고 검색으로 이어지게 하며 전환으로 이끄는 설계의 첫 단추가 되는 광고, 그것이 유튜브 타깃 광고와 유튜브 운영의 본질입니다.

AI를 어디까지 믿을 것인가?

타깃 광고에서 AI를 어디까지 믿을 것인가? 어디까지 활용해야 할까? 라는 질문은 예산 낭비를 하지 않기 위해서, 광고의 효율을 높이기 위해서 상당히 중요한 주제입니다. 타깃 광고의 설정과 집행에 있어서 AI가 잘하는 것은 무엇이며 AI가 아직 사람에 비해 못하는 것은 무엇인지를 먼저 잘 이해하고 각 플랫폼에서 광고 설정을 할 때 AI를 활용해야 합니다.

제가 여러 플랫폼의 타깃 광고를 활용하면서 느끼는 것은 각 광고 플랫폼의 AI 엔진들이 잘하는 것은 직업과 관심사가 비슷한 사람들을 찾아주는 것과 노출 위치를 최적화해서 예산을 효율적으로 집행하게 하는 것입니다. 사용자는 플랫폼 내부에 있고, 플랫폼들은 결국 모아둔 과거 데이터에 AI를 활용하여 '이 사람과 행동 패턴이 유사한 사람들'을 자동으로 찾아주는 데 강점을 가지고 있습니다.

예를 들어 역세권의 오프라인 레스토랑 광고를 클릭한 40대 여성 A가 있다고 가정하겠습니다. 그 행동 데이터를 기반으로 AI는 A와 유사한 클릭 및 체류 패턴을 가진 유저들을 찾아 타깃 광고를 집행하게 됩니다. 이건 행동을 기반으로 유사 집단을 추정하여 타기팅한 기법으로, 분명 효율적인 기능입니다.

하지만 여기에는 함정이 있습니다. 레스토랑의 주인인 나는 우리 매장 고객들의 생활권을 잘 알고 있습니다. 그래서 반경을 어디까지 세팅하고 광고해야 하는지 잘 알고 있습니다. 그간 나의 경험으로 반경 3km 내에 거주하는 주민들만이 우리 레스토랑을 방문한다는 통계를 가지고 있다면, 이것은 나만의 현업 데이터입니다. 이런 정보는 대부분 맞습니다.

그런데 이런 영업 반경 데이터를 100% AI가 관장하도록 추천 옵션으로 설정하면, AI는 반경 30km, 40km에 사는 A와 유사한 특성을 가진 인구들까지 테스트하며 좁혀 갑니다. 사실 이러한 테스트 비용은 소진할 필요가 없습니다. 언젠가 AI가 테스트를 마치면 권역을 좁히겠지만, 비즈니스 경험으로 확실하게 특정할 수 있다면 내 경험이 맞는 것입니다. 이런 지역성까지는 관리자가 강제하지 않으면 AI가 학습 없이 바로 알 수 없습니다. 사실 알 수 없는 것인지, 광고비 소진을 위해서 AI가 거기까지 개입하지 않는지는 알 수 없고 저는 플랫폼을 다소 의심하고 있습니다.

예를 들어 여러분이 유학원을 운영하고 있는데 20대들이 주로 가는 국가의 유학 상품이 있습니다. 10대들의 조기유학 상품이 학생들보다 학부모들의 의사결정으로 결정되는 반면 여러분이 팔려고 하는 상품은 20대 중반의 학생들이 주로 직접 선택하는 상품이라 가정할 때, 이를 유튜브에서 동영상으로 광고한다면 이 동영상은 실제로 20대가 시청해야 합니다. 그런데 AI에 이 영상을 연령의 강제 설정 없이 배포하게 한다면, 10대부터 70대까지 골고루 뿌리며 학습하여 만약 60대 이상이 긴 시청 시간을 보인다면, AI는 60대에게 이 영상을 집중시키게 됩니다. 그런데 60대 이상의 연령이 실제 광고에 반응한 것이 아니라, 그들은 그저 상대적으로 광고를 시청하다가 중단하는 비율이 낮고, 끝까지 시청한다면 이 광고는 제대로 된 데이터를 기반으로 집행되고 있는 것일까요?

AI는 긴 시청 시간을 보이는 높은 연령의 집단에 노출시키고 있는 것이지만 이러한 설정은 잘못된 것입니다. 심지어 어떤 경우는 초보 광고 관리자가 특정 연령대에만 광고를 노출하는 기능을 몰라서 AI가 관장하도록 계속 송출하는 경우도 있습니다. 만약 여러분이 광고 시청 연령의 통계를 보지 않고 AI만 믿고 있다면, 광고가 잘못 운영되고 있다는 것을 알 수가 없습니다. 그저 '동영상을 오래 보는 사람들이 많네'라고 통계를 해석할 수 있습니다. 여러분의 판단은 실제 유학을 결정할 20대에게 동영상 보여주는 것이겠지만, AI의 판단은 타깃 소비 연령은 무시하고 적은 비용으로 시청 시간이 긴 대상을 찾아서 노출하는 것을 목표로 하고 있을 수 있습니다.

대부분의 광고 플랫폼에서는 이러한 일차적인 지표의 효율만을 AI가 추구할 수 있기에 주의해야 합니다. 플랫폼에서 AI 추천 옵션으로 쓸 것은 쓰되 여러분이 판단을 잘 하셔야 합니다. 아직까지 타깃 광고에서 AI는 운전자가 아닌 내비게이션입니다. 목적지를 정하고 길을 선택하는 건 사람의 몫입니다. AI가 타깃 광고에서 완벽한 자율 주행 자동차가 되는 날은 아직 좀 멀었습니다. 그때까지는 여러분의 현업 인사이트가 더 큰 영향력을 발휘할 것입니다.

광고 입찰 능력보다 데이터 해석 능력을 갖출 것

온라인 광고 시장은 오랜 기간 '누가 광고 도구를 더 잘 다루는가', '누가 좋은 감각으로 소재를 잘 만드는가'에 초점이 맞춰져 있었습니다. 실제로 과거에는 광고 플랫폼의 종류가 적었으며 경쟁도 지금만큼 다매체로 나뉘어진 상태에서 치열하지 않아 경험자의 '감'과 실험적인 시도가 곧 성과로 이어지는 경우가 많았습니다. 그래서 마케터를 평가할 때 '어떤 광고를 해봤느냐?', '페이스북 광고 계정을 몇 개나 돌려봤느냐?' 같은 이력이 중심이 되곤 했습니다.

하지만 지금은 광고 환경이 전혀 다른 시대입니다. 광고 플랫폼은 고도화되었고 경쟁은 훨씬 치열해졌으며 AI 기반 자동입찰 시스템이 보편화되면서 '입찰의 정교함'이나 '세팅 기술'보다 더 중요한 것이 바로 데이터 해석 능력입니다. 단순히 버튼을 누르는 사람이 아니라 광고 결과를 해석하고 인사이트를 도출할 수 있는 사람이 실무에서 진짜 실력을 발휘합니다.

오늘날의 광고는 대부분 AI 알고리즘이 최적화를 담당합니다. 예산 배분, 입찰 단가 조절, 시간대별 노출량 등은 사람이 일일이 조정하지 않아도 시스템이 알아서 학습하고 조정합니다. 그렇기 때문에 마케터가 개입해야 하는 지점은 점점 '기술적 조작'에서 '전략적 판단'으로 옮겨가고 있습니다. 클릭률이 올랐다는 것이 무엇을 의미하는지, 이탈률이 높은 구간은 어디인지, 전환 유입의 주요 경로가 어떤 지면인지 등을 분석하고 그에 따라 광고 소재를 수정하거나 랜딩페이지를 다시 디자인하고 타깃을 재설정하는 결정을 내릴 수 있어야 합니다.

데이터 해석 능력이 없는 마케터는 숫자만 가득한 리포트를 받아도 아무런 전략적 액션을 취하지 못합니다. 반대로 데이터를 제대로 읽을 줄 아는 사람은 어떤 광고가 어디서 막히고 있는지, 어떤 포인트가 고객의 반응을 이끌었는지를 정확하게 분석해 다음 캠페인의 방향성을 세울 수 있습니다. 이것이 바로 오늘날 광고 전문가가 갖춰야 할 핵심 역량입니다.

광고를 만드는 일 자체는 이제 누구나 할 수 있는 시대입니다. 하지만 그 광고가 왜 잘 되었는지, 왜 실패했는지, 그리고 다음엔 무엇을 바꿔야 할지를 말할 수 있는 사람은 많지 않습니다. 그래서 지금 필요한 사람은 툴을 빠르게 다루는 사람보다 숫자 속에서 전략을 찾아내는 사람, 즉 데이터를 해석해 실행 가능한 통찰로 바꿀 수 있는 사람입니다.

광고 입찰 능력은 기본입니다. 그것보다 중요한 것은 광고 결과의 본질을 꿰뚫어 보는 능력입니다. AI가 입찰과 광고 설정의 많은 부분을 대신해 주는 시대, 마케터의 가치는 이제 데이터에서 무엇을 읽어내는지에 달려 있습니다.

예산을 올렸더니 전환단가가 올라가고 성과가 나빠졌다??

'광고의 성과가 좋아서 하루에 10만원씩 집행하던 것을 20만원씩 집행하니 광고 성과가 망가졌습니다.' '클릭당 광고 비용이 올라가고 클릭률은 떨어졌고 전환 단가는 올라갔습니다.' 강의나 컨설팅하다 보면 이런 이야기를 질문으로 많이 듣습니다. 왜 그럴까요?

저는 일단 타깃 광고에서 기대 이상의 성과가 나올 때는 초보 광고주는 무조건 건드리지 말라고 말씀을 드립니다. 왜 안 건드리는 것이 좋을까요? 최적화되었기 때문입니다. AI의 학습을 통하여 광고의 설정이 타깃에 맞게 최적화되어 클릭과 전환이 잘 나오게 되었기에 건드릴 필요가 없는 것입니다. 여러분이 건드려서 설정이 바뀌면 AI는 다시 학습하고 다시 최적화하게 됩니다. 그런데 확률상 다시 학습해서 더 좋은 성과가 나오기가 쉽지 않습니다. 좋았던 것이 더 좋아지기 어려운 이유입니다.

이럴 때는 차라리 똑같은 캠페인을 하나 더 복제하는 것이 좋은 결과가 나오는 경우가 많습니다. A 캠페인이 예산 10만원으로 좋은 성과가 나와서 20만원으로 올리는 것보다 A와 모든 설정이 동일한 'A-1' 캠페인에 10만원을 설정하고 새롭게 광고를 만드는 것이 더 의미가 있고 안전합니다. 왜냐하면 하루 10만원의 예산으로 좋은 결과가 나온다면, 10만원에 맞추어 모든 광고 설정이 최적화되어 있는 것입니다. 이 상태에서 AI에게 하루 20만원에 맞추어 최적화 하라고 하면 AI는 학습을 다시 하게 되고, 성과는 깨지게 됩니다.

마찬가지로 대한민국 전체를 대상으로 광고하다가 지역설정에서 부산광역시를 빼야 하는 상황이라고 가정해 보겠습니다. 회사가 영업적으로 부산에 광고할 필요가 없는 상황이 도래했을 때 설정에서 부산을 제외하는 옵션을 건다면 기존과 같은 성과가 나올까요? 그렇지 않습니다. 설정을 바꾸면 대부분 다시 학습합니다. 그리고 성과는 전국을 대상으로 할 때와 다르게 랜덤하게 나올 수도 있습니다.

많은 광고주가 질문합니다. "소재는 한 달에 몇 번 교체해야 하나요?" 그런데 과연 소재를 바꾸는 행위 그 자체가 중요한가요?

불안감 아닐까요? 성과를 유지하는 것이 중요합니다. 광고는 한 번 최적화되면 그 상태를 유지하는 것이 가장 효율적인 전략입니다. 무작정 건드리기보다는 복제와 분리, 점진적 실험이라는 원칙 아래에서 조심스럽게 변화를 줘야 합니다.

예산 확대나 타깃 변경은 단순한 숫자 조정이 아니라 AI의 학습 구조 전체에 영향을 주는 설정 변경이라는 점을 꼭 기억해야 합니다. 잘 돌아가는 광고를 '관리'하는 것 또한 전략의 일부이며, 그 안에서 실수를 줄이는 것이 광고 성과의 핵심입니다. 잘 달리고 있는 차를 굳이 멈춰 다시 시동을 거는 것과 같습니다. 그만큼 기존에 달리고 있는 다른 차들보다 늦어질 수밖에 없습니다. 기회비용만 발생하고 안정된 결과는 오히려 멀어질 수 있습니다.

연휴, 휴일의 광고 전략을 달리해야 하는 업종인가?

휴일에는 대부분 업종의 홈페이지 분석을 해보면 유입이 떨어집니다. 광고의 경우도 효율이 떨어지는 경우가 다수 있습니다. 연휴에도 마찬가지입니다. 휴일이나 연휴에는 노출이 있어도 전환이 현저하게 떨어지는 경우가 다수 있습니다.

노출은 AI가 달성할 수 있습니다. 예를 들어 평소에 이 시간대에 10명이 광고를 보는데, 평소와 달리 날씨가 너무 좋아서 7명이 야외 활동을 하러 가고 광고를 보는 사람이 3명 밖에 없다고 가정하면, 광고 시스템은 3명에게 3번 노출하여 노출 결과는 유사하게 목표 달성을 할 수 있습니다. 하지만 도달 인구는 3명이라 반응은 당연히 적을 것입니다.

이렇게 연휴와 휴일에 반응이 떨어지는 대표적인 것이 상담원이 없다면 안 되는 아이템들입니다. 상담원이 있는 시간에만 매출이 가능한 업종이라면 광고 성과가 운영시간과 상관관계가 있을 수 있습니다. 여러분의 업종이 그런 업종은 아닌가요? 이에 대한 대책이 있으신가요?

여러분의 업종은 고객이 즉시 결제하는 구조인가요, 아니면 문의와 상담이 반드시 있어야 하는 지요? 만약 후자라면 연휴나 휴일의 광고 집행은 더욱 전략적으로 접근해야 합니다. 예산을 일괄적으로 유지하기보다는 시간대나 요일별로 탄력적으로 조절하거나, 고객이 반응하기 좋은 평일 업무 시간대에 집중해서 운영하는 것이 효과적일 수 있습니다.

또 하나 중요한 포인트는 연휴에도 운영할 수 있는 '자동응답 시스템'이나 '챗봇', 예약 전환 유도 기능을 마련하는 것입니다. 상담원이 없더라도 고객이 문의를 남기고 갈 수 있도록 만들어야 그다음 단계로 이어질 여지가 생깁니다.

우리는 수도권보다 지방 타깃 광고가 더 잘되는 것 같아요

수도권에 입지한 오프라인에 기반을 둔 기업의 광고를 운영하는 경우, '우리는 지방 고객이 더 성과가 좋은 것 같으니 지방으로도 광고를 타깃 하여 집행해 달라'는 의뢰를 하는 경우가 많습니다. 그런데 이런 요청의 속을 들여다보면 대부분 실제 통계적으로 분석해 보거나 비용투자 대비 효과가 있는지 검증해 보지 않고 감으로 말하는 경우가 많습니다. 지방의 고객이 실제 우리 매장에 상담 받아보고 싶어서 왔다는 것과 수도권에서 상담을 한번 받아보고 싶어서 왔다는 것은 같은 1회의 방문이라도 농도가 다릅니다.

지방에서 문의 전화가 오거나 찾아오는 것은 실제 전환으로 집행될 가능성이 높습니다. 그런데 문제는 그 빈도가 높지 않습니다. 여러분에게 지방이라는 원거리 고객의 방문이 강한 인상을 남기기 때문에 기억에 오래 남고, 때로는 우리가 지방에 강하다고 생각할 수 있는데 이것은 냉정하게 통계를 내어 보시기 바랍니다. 실제 지방까지 예산을 집행할 만한 가치가 있는지, 그 예산을 수도권에 집행하는 것이 더 효율적인지를 고려해야 합니다.

중요한 것은 빈도와 총량입니다. 수도권에서는 일상적으로 많은 유입과 문의가 발생하므로 개별 사례가 강한 인상을 남기지 않지만 지방에서 드물게 발생한 한 건은 오히려 기억에 더 오래 남습니다. 이 때문에 실제보다 지방 성과가 더 좋아 보이는 착시가 생기는 것입니다.

광고 전략은 감정이 아니라 데이터로 결정해야 합니다. 지방 타깃 광고가 정말 효율적인지 판단하려면 단순한 인상이나 몇 건의 사례가 아니라 전환율, 클릭률, 유입 대비 실제 예약 혹은 구매율 등 수치 기반의 비교 분석이 필요합니다. 예산 대비 효과를 면밀히 따져보고 같은 금액을 수도권에 집중했을 때 더 많은 전환을 유도할 수 있다면, 지방보다 수도권에 투자하는 것이 합리적일 수 있습니다.

물론, 특정 상품이나 브랜드에 따라 지방 고객의 충성도가 더 높을 수는 있습니다. 그런 경우라면 오히려 지방 전략이 타당할 수 있습니다. 하지만 그 판단은 반드시 데이터와 실제 성과 분석에 기반한 전략적 판단이어야 하며 단순히 감에 의존해서는 안 됩니다. 여러분이 만약 비수도권 입지라면 지방과 수도권의 구분 대신에 원거리와 단거리 고객에 대한 구분을 마찬가지로 적용해 볼 수 있습니다.

광고 계정 해킹에 대비하라

해외에서 출시된 타깃 광고 플랫폼의 광고 관리자 계정 해킹은 생각보다 훨씬 더 자주 발생하는 현실적인 위협입니다. 특히 타깃 광고를 집행하고 있는 개인이 아닌 기업 계정은 악의적인 해외 해킹 조직의 직접적인 표적이 되기 쉽습니다.

저는 실제로 다수의 광고주 계정이 해킹당한 사건을 경험했고 복구와 피해처리를 도운 경험도 많이 있습니다. 그중 한 사례는 주말 사이 단 이틀 만에 1,500만 원이 넘는 광고비가 해커에 의하여 무단으로 집행된 사건이었는데 결과적으로 이 피해 금액은 전액 변제되었습니다.

먼저 여러분을 안심시켜 드릴 수 있는 중요한 사실은, 대부분의 계정 해킹 사고는 잘 대응하면 금전적 피해가 거의 없이 해결된다는 것입니다. 해킹이 발생하면 가장 먼저 해야 할 일은 광고 계정에 등록된 신용 카드 또는 체크 카드를 즉시 정지시키고 카드사에 해킹 피해 사실을 알리는 것입니다.

카드사에서는 사용자의 신고를 접수한 후 고의 여부와 범죄 조직과의 연관성을 확인하는 심의 절차를 거쳐 체크 카드이건 신용 카드이건 대부분 피해 금액을 승인취소해 줍니다. 광고 플랫폼도 해킹 광고비를 청구하지 않고 카드사 역시 문제없다고 판단되면 피해자에게 청구하지 않습니다.

보통 이 카드사와 플랫폼의 심의 절차는 약 3~4주의 시간이 소요됩니다. 해커들은 자신들이 운영하거나 유통하는 도박 사이트, 불법 SW, 유흥 및 성인 콘텐츠, 코인 플랫폼, 쇼핑몰 등을 광고하기 위해 계정을 탈취합니다. 이들은 해외, 특히 베트남이나 동남아 지역에서 한국 시각으로 주말이나 명절 같은 연휴 기간을 노리고 광고 계정의 관리자 계정을 탈취하는데, 주말이 선택되는 이유는 광고주들이 주말에는 광고 계정을 잘 점검하지 않는다는 점을 노리기 때문입니다.

이와 같은 상황을 방지하기 위한 첫 번째 조치는 무엇보다 2단계 인증 설정입니다. 비밀번호 외에 별도의 인증 앱이나 문자, 이메일을 통해 로그인해야만 접속이 가능하게 만드는 이 기능은 계정 해킹의 90% 이상을 사전에 차단할 수 있는 가장 효과적인 수단입니다. 특히 메타, 구글, 틱톡, 링크드인과 같은 글로벌 플랫폼에서는 이미 기본 기능으로 제공하고 있으므로 반드시 활성화해 두셔야 합니다.

두 번째로 꼭 기억해야 할 사항은 퇴사한 직원이나 더 이상 실무에서 광고를 운영하지 않는 인력의 계정을 즉시 삭제하거나 권한을 해제해야 한다는 점입니다. 광고 계정은 민감한 정보와 비용이 연결된 공간이기 때문에 사용자 관리가 곧 보안 관리입니다.

퇴사자 계정이 남아 있는 상태로 방치되면 의도치 않게 외부 노출의 경로가 될 수 있습니다. 즉 직원 중에 1명만 계정이 해킹되어도, 광고 계정의 해킹까지 이어지는 것입니다.

세 번째로 계정의 일일 광고 한도를 정해두시기 바랍니다. 해커가 최고 관리자 권한을 얻으면 일일 광고 한도를 변경하기는 하지만 그래도 도움이 됩니다. 그리고 광고나 신용 카드, 체크 카드 자체에 일일 한도를 정해두는 것도 도움이 됩니다.

해킹 피해가 발생했을 경우를 대비해 백업 광고 계정을 만들어 두는 것도 매우 중요합니다. 해킹으로 인해 주 계정이 중단되거나 플랫폼에서 한 달 정도 조사를 진행하는 동안 광고를 전혀 집행하지 못하는 상황이 발생할 수 있기 때문입니다. 미리 예비 계정을 등록하고 준비해 두면 비상시 빠르게 대체 광고를 시작할 수 있어 비즈니스 연속성을 확보할 수 있습니다.

광고 계정 해킹은 누구에게나 일어날 수 있는 일이지만, 사후 대응이 빠르고 적절하다면 대부분의 피해는 전액 변제가 가능합니다. 문제는 피해 자체보다도 대비하지 않아 광고 중단과 리스크 관리 실패로 이어지는 후속 문제들입니다.

새로운 타깃 광고 출현 시 선택의 기준

디지털 광고 시장은 끊임없이 진화하고 있습니다. 지속해서 새로운 타깃 광고 도구와 플랫폼이 생겨나고, 규제는 강화되지만 타기팅 기술은 점점 고도화되고 있습니다. 그만큼 광고주 입장에서는 수많은 선택지 앞에서 어떤 광고 플랫폼을 먼저 채택해야 할지 고민하게 됩니다.

과거부터 신규 플랫폼이 세상에 나왔을 때 성과를 낸 광고주들의 사례를 통해 보면, 그 선택의 기준은 '어떤 플랫폼이 내놓은 것인가', '얼마나 많은 사용자가 있는가', 그리고 '얼마나 빠르게 새로운 플랫폼에 올라 탔는가'가 성과를 위한 핵심 요소였습니다.

먼저 대형 플랫폼에서 출시된 새로운 광고 상품이나 인수합병(M&A)을 통해 등장한 신규 도달 광고 플랫폼은 빠르게 도입하는 것이 유리합니다. 그 이유는 단순합니다. 플랫폼은 '출시 초기의 유입을 늘리기 위해' 광고 단가를 낮게 책정하거나, 노출을 인위적으로 늘려주는 구조를 갖고 있기 때문입니다.

과거 유튜브 광고가 막 활성화되기 시작하던 시기, 이 플랫폼에 누구보다 먼저 뛰어든 몇몇 기업들은 매우 낮은 광고비로도 폭발적인 도달과 전환을 경험했습니다. 몇만 원의 예산으로 수십만 회 노출이 가능했습니다. 마찬가지로 인스타그램이 광고 기능을 공식 출시했을 때 패션, 뷰티, 외식 브랜드들이 발 빠르게 진입하여 팔로워와 전환 실적 모두에서 기대 이상의 성과를 냈습니다. 이들은 지금까지도 업계에서 선도적인 인스타그램 마케팅을 하고 있습니다.

민첩성, 바로 이것이 새로운 타깃 광고의 시대에서 광고주가 가져야 할 중요한 지향점입니다. 많은 광고주는 새 플랫폼에 대해 '아직 검증되지 않았다', '조금 더 기다려 보자'고 말합니다. 하지만 이미 플랫폼은 초기에 진입한 광고주에게 최고의 조건을 제공하고 이후 경쟁자가 많아지면 단가를 올리는 구조를 따릅니다. 한

발 늦으면 같은 광고 예산으로 얻는 효과는 현저히 떨어집니다. 그런데 해당 광고가 실제 실패하는 경우도 있습니다. 옥석의 구분은 필요합니다. 일정 기간이 지나도 성과가 없다면 중단해야 합니다.

물론 모든 새로운 광고 도구가 대형 플랫폼에서 나오는 것은 아닙니다. 최근에는 금융회사, 카드사, 통신사, 스타트업들도 자체적인 타깃 광고 시스템을 개발하고 내놓고 있습니다. 예를 들어 신용 카드사는 카드사용 데이터를 기반으로 소비 성향을 분석한 초정밀 광고를 문자 광고 형태로 제공하고 있고, 핀테크 스타트업은 앱 사용 이력을 기반으로 앱 내 광고를 타기팅 합니다. 이런 광고는 특정 목적에 맞춰 정밀하게 설계된 만큼, 광고 효율이 높게 나올 수 있는 가능성이 있습니다.

하지만 반드시 고려해야 할 중요한 기준이 있습니다. 바로 '타깃 모수', 즉 플랫폼 사용자의 수입니다. 아무리 정밀하고 기술력이 뛰어난 광고 시스템이라도 광고를 노출할 사용자 자체가 적다면 결국 도달도, 전환도 한계에 부딪히게 됩니다. 예를 들어 어떤 스타트업 앱이 정밀한 타기팅 기술을 갖고 있다고 하더라도 그 플랫폼의 일간 활성 사용자가 몇 천명 수준이라면 광고의 효율은 제한적일 수밖에 없습니다. 적어도 국내에서 300~400만 명 이상의 사용자가 있어야 타깃 광고 플랫폼으로써 의미가 있습니다.

광고 계정 비활성화의 숨겨진 요인 – 운영자

다이어트, 건강식품, 의료, 금융, 이커머스 등과 같이 경쟁이 심한 업종에서 타깃 광고를 운영하다 보면 광고 계정이 갑자기 비활성화되거나 아무 이유 없이 정지되는 경험을 하게 됩니다. 많은 광고주가 그 원인을 계정 설정, 캠페인 구조, 크리에이티브 오류 또는 과도한 노출, 결제 수단인 신용 카드의 문제라고 생각하지만, 정작 진짜 문제는 '사람'일 수 있습니다. 즉, 운영의 문제가 아니라 계정을 운영하는 관리자 권한을 가진 사람 때문에 광고가 멈추는 경우가 많다는 뜻입니다. 모든 경우에서 이상이 없다면, 최종적으로는 사람의 문제로 귀결되는 경우가 가장 많습니다.

글로벌 광고 플랫폼은 보안과 정책 위반에 매우 민감합니다. 메타, 구글, 틱톡 같은 글로벌 플랫폼은 광고 계정을 일종의 생태계처럼 관리합니다. 그리고 이 생태계가 오염되었을 때 바이러스 감염이나 산불 확산을 막는 것처럼 적극적이며 선제적으로 계정을 비활성화하여 격리하고 차단합니다.

예를 들어 과거에 스팸성 광고나 정책 위반 광고를 집행한 이력이 있는 사람이 있다면, 그 사람은 플랫폼의 내부 시스템에서 '위험군'으로 분류되어 있습니다. 이 사람이 전에 다니던 회사에서 퇴사하고 새로운 회사에 마케팅 직군으로 입사하여 타깃 광고 계정에 광고 관리자나 운영자 권한으로 추가되는 순간, 플랫폼은 해당 계정도 위험군으로 판단하여 아무런 광고도 집행하지 않았음에도 불구하고 계정을 정지시켜 버리는 것입니다. 이 조치는 자동화되어 있기 때문에 광고주가 알아채기도 전에 광고 송출이 멈추고, 별다른 설명과 이의신청조차 받지 않고 일방적으로 차단되는 경우도 있습니다. 누가 문제라고 설명해 주지도 않습니다.

이런 이유로 광고 계정을 운영할 때 가장 조심해야 하는 것이 바로 '오염된 관리자'를 계정에 등록하는 일입니다. 여기서 말하는 오염이란, 해당 인력이 과거에 어떤 광고 계정에서 금지된 광고를 운영했거나, 광고 승인율이 낮았거나, 반복적인 정책 위반으로 제재를 받았던 이력을 뜻합니다.

플랫폼은 사람을 기준으로도 위험도를 추적합니다. 계정만을 제재하는 것이 아니라 그 사람과 연관된 핸드폰, PC, 브라우저, IP, 프로필, 로그인 정보 등을 추적하고 같은 사람이 운영하는 계정은 영향을 받게 만듭니다.

많은 기업이 이런 구조를 모른 채 'IP를 바꿔보자', 'PC를 바꾸면 되지 않을까?', '휴대폰 번호를 새로 쓰자'는 방식으로 문제를 해결하려 합니다. 하지만 실제로는 효과가 없는 경우가 대부분입니다. 플랫폼의 알고리즘은 단순히 로그인 환경이 아닌 '사람' 자체를 기준으로 위험도를 추적하고 통제하기 때문입니다.

이러한 광고 비활성화 문제는 중소기업뿐 아니라 대기업, 심지어 다국적 기업에서도 자주 발생합니다. 저 역시 광고 비활성화 문제로 컨설팅 요청을 받아 현황을 진단한 사례가 많은데, 따지고 보면 대부분 최근에 새롭게 추가된 광고 운영자의 과거 이력에서 문제가 시작된 경우가 많았습니다. 새로운 직원이 관리자 계정에 들어왔을 때 그 사람의 과거 '광고 집행 이력'이 계정을 비활성화시켜버리는 원인이 되는 것입니다.

계정을 함께 운영하는 광고 관리자는 되도록 소수로 구성하는 것이 좋습니다. 복수의 관리자를 둔다면 꼭 필요한 핵심 인력만 포함하고, 외부 인력은 임시 접근 권한만 최소한으로 부여하는 방식으로 운영해야 합니다. 광고 계정은 생각보다 민감하고, 사람 한 명의 이력이 전체 광고 시스템을 마비시킬 수 있다는 점을 반드시 기억해야 합니다.

클릭당 비용이 높다고 무조건 나쁜 광고인가?

클릭당 비용(Cost Per Click, CPC)이 높다는 이유만으로 그 광고를 실패한 광고라고 단정 지을 수는 없습니다. 오히려 광고의 성격과 목적, 전환 구조, 그리고 해당 상품이나 메시지가 가진 사회문화적 영향력을 종합적으로 고려할 때, CPC가 높더라도 전략적으로 의미 있는 선택이 되는 경우도 있습니다. 여기서 중요한 것은 클릭당 비용이라는 하나의 숫자를 절대적 지표로 해석하지 않고 그것이 의미하는 맥락과 배경, 결과를 종합적으로 분석하여 판단하는 것입니다.

광고 플랫폼은 일반적으로 클릭률, 광고 위에서 스크롤을 멈춘 체류 시간, 댓글과 좋아요 등의 사용자 반응 요소를 종합하여 광고의 '품질 점수(Ad Quality Score)'를 산정합니다. 이 품질 점수가 낮을수록 플랫폼은 광고 노출을 줄이고, 광고주로부터 더 큰 비용을 청구하는 방식으로 보상을 요구합니다. 따라서 클릭률이 낮은 광고는 자동으로 클릭당 단가가 높아지는 구조에 놓이게 됩니다. 특히 페이스북, 인스타그램, 구글, 유튜브, 틱톡 등 주요 플랫폼은 사용자 경험을 핵심 지표로 삼기 때문에 대중에게 비호감이거나 불편함이 유발되는 광고일수록 시스템적으로 높은 비용을 청구하게 됩니다. 물론 비호감이 너무 지나치면 광고는 비활성화되지만 일반적인 범주에서의 광고 집행의 경우에 그러합니다.

예를 들어 정치적 메시지, 사회적 논란을 동반한 후원 캠페인, 건강 기능식품 등은 다수의 대중에게 균일한 호감을 얻기 어렵습니다. 특정한 메시지가 일부 사람들에게는 공감을 얻을 수 있지만 또 다른 사람들에게는 강한 거부감을 유발할 수 있기 때문입니다. 이처럼 반응의 양극화가 예상되는 광고는 필연적으로 클릭률이 낮아지고, 결국 클릭당 비용은 올라갑니다. 하지만 중요한 점은 이 광고가 누구에게 도달하는가, 그리고 그들이 어떤 반응을 보이는가 그리고 최종 전환 비용은 어떠한가입니다.

가령 국제 구호 단체가 기아 상태의 아프리카 어린이를 돕자는 캠페인을 집행한다고 가정해 보겠습니다. 이 광고는 사회적으로 매우 의미 있고 시급한 메시지를 담고 있음에도 일부 시청자들은 '왜 우리나라도 어려운데 해외를 돕느냐'며 반발을 보입니다. 댓글에서 논쟁이 벌어지고 이에 따라 광고 평점이 낮아질 수 있으며, 결국 클릭당 비용이 상승할 수 있습니다. 그러나 이 광고에 감동하고 기꺼이 고액의 후원을 하는 소수가 있다면 전체 ROI 관점에서는 이 광고는 효율적일 수 있습니다. 한 명의 후원자가 매월 10만원을 기부하는 정기 후원의 전환율이 높다면 클릭당 몇천 원의 광고비는 충분히 감내할 수 있는 구조가 됩니다.

마찬가지로, 과학적으로는 효과가 없다고 논란이 있으나 실제 사용자들은 평판이 좋았던 건강식품의 광고도 유사한 구조를 가집니다. 플랫폼에서 신고당하거나 악성 댓글이 달리면서 CPC는 계속 상승하지만, 그와 동시에 해당 제품을 직접 경험하고 만족한 소비자층에서 자발적인 바이럴이 발생하며 매출이 증가할 수도 있습니다. 이 경우에도 높은 CPC는 단순한 비용이 아니라 논란을 견디고 도달해야 할 '진입 비용'의 개념으로 해석될 수 있습니다.

이처럼 타깃 광고 시장에서 CPC는 때로는 단순한 효율 지표가 아닙니다. 광고의 본질이 전달이 아니라 반응이며, 그 반응이 일으키는 전환의 질과 깊이를 함께 고려해야 합니다. 때로는 높은 클릭당 비용이 더 집중된 충성고객을 만들고 브랜드의 메시지를 강력히 각인시키는 결과를 가져올 수 있습니다.

광고가 CPC 기준으로 손해를 보고 있다고 느껴진다면 먼저 질문해 보시기 바랍니다. '이 광고는 누구를 향한 것인가?' 그리고 '그들은 어떤 전환을 만들어내고 있는가?' 광고의 온·오프의 기준을 이렇게 판단하시기를 바랍니다. 숫자로만 판단할 것이 아니라 영향력과 의도한 결과를 달성했는지 함께 분석해야 합니다. 클릭당 비용이 많이 들어도 전환당 마진이 충분히 크다면, 또는 타깃 유저의 생애 가치(LTV, 한 명의 고객이 기업과 거래를 유지하는 전체 기간 동안 주는 수익)가 높다면 광고는 여전히 유효합니다.

광고 피로도의 문제는 대부분 걱정할 필요가 없다

도달 광고를 처음 시작하시는 마케팅 담당자분들께서 자주 하시는 질문 중 하나가 바로 광고 소재의 교체 주기와 업로드 빈도에

관한 것입니다. "광고 피로도가 생기지 않을까요?", "광고를 매일 바꿔야 하나요?", "몇 가지의 광고 소재를 미리 만들어 두어야 하나요?"라는 질문을 받다 보면, 그 기반에는 블로그 포스팅을 통한 유입 방식과 도달 광고를 동일 선상에서 생각하고 있는 인식이 깔려 있는 경우라는 것을 알 수 있습니다.

우선 두 전략의 구조부터 구분해 보셔야 합니다. 블로그 마케팅은 매일 다른 키워드로 글을 작성해 검색량이 적은 단어들도 모아 방문자를 확보하는 방식입니다. 일종의 '낚싯대를 여러 개 펼쳐두는 전략'이라고 할 수 있습니다.

반면, 도달 광고는 미리 여러 개의 광고 소재를 설계하고 실험적으로 집행해 본 후, 가장 성과가 좋은 소재를 중심으로 예산을 집중 투입하는 방식입니다. 여기서 핵심은 '효율'입니다. 클릭률이 높고 도달당 비용(CPM)이나 클릭당 비용(CPC)이 적은 광고를 살려내어 그 소재를 중심으로 광고를 지속시키는 것이 전략의 핵심입니다.

많은 중소기업에서는 "이 광고를 한 달 이상 계속 노출시키면 소비자가 질려하지 않을까요?"라는 걱정을 하십니다. 이 질문은 이해는 되지만, 실제로는 걱정하지 않으셔도 되는 경우가 대부분입니다. 이유는 간단합니다. 중소기업이 감당할 수 있는 광고 예산은 대체로 크지 않으며, 해당 예산만으로 특정 타깃 집단 전체에게 단기간에 높은 빈도로 광고를 노출하는 것은 현실적으로 불가능하기 때문입니다.

예를 들어 보겠습니다. 여러분이 네이버 PC 메인 화면의 최상위 배너에 광고를 게재했다면 전국 수백만 명이 그 광고를 보게 됩니다. 이런 경우라면 광고를 반복적으로 집행하면 분명 광고 피로도가 발생할 수 있습니다. 하지만 여러분이 페이스북, 인스타그램, 유튜브 등의 플랫폼에서 제한된 예산으로 타깃 광고를 집행하고 있다면 광고가 노출되는 빈도는 평균적으로 타깃 1인당 1번을 도달하지 못하는 수준에 불과할 수 있습니다. 이 정도의 노출 빈도는 피로도를 걱정하기보다는 오히려 인지도를 형성하기에도 부족한 수준일 수 있습니다.

광고 피로도를 관리하는 가장 현실적인 방법은 매일 소재를 바꾸는 것이 아니라 광고 관리자의 도달(Reach)과 빈도(Frequency) 지표를 체크하여 그를 기준으로 소재 교체 여부를 결정하는 것입니다. 이 두 수치를 통해 광고가 특정 타깃에게 얼마나 자주 노출되고 있는지를 확인할 수 있습니다. 만약 빈도가 5회를 넘어가고 있고 광고 성과가 떨어지기 시작했다면 그때가 소재 교체를 고려할 시점입니다. 하지만 성과가 여전히 좋다면 굳이 손대실 필요는 없습니다. 광고는 '변화'보다 '성과'를 기준으로 운영하셔야 합니다.

도달 광고는 '매일 업로드', '지속적인 소재 변경'이 운영 기준인 광고가 아닙니다. 중요한 것은 얼마나 자주 바꾸느냐가 아니라 어떤 소재가 실제로 성과를 내고 있는지를 객관적인 데이터로 확인하고 판단하는 것입니다. 광고 피로도는 예산과 노출 빈도, 타깃 규모에 따라 다르게 작동하며 대부분의 중소기업 입장에서는 오히려 충분한 도달이 되지 않아 노출을 늘려야 하는 경우가 많습니다. 걱정보다 중요한 건 지표를 직접 확인하는 것입니다. 판단은 데이터를 기반으로 해야 합니다.

타깃 광고와 리타기팅 광고의 비중은 어떻게 가져가야 할까?

타깃 광고를 집행하다 보면 기존에 광고를 본 사람이나 웹사이트를 방문한 사람, 또는 특정 영상을 시청한 사람을 대상으로 다시 광고를 노출할 수 있는 '리타기팅 광고'라는 광고의 종류를 접하게 됩니다. 플랫폼에 따라서 리마케팅 광고라고 부르기도 합니다. 리타기팅 광고는 단순히 한 번 더 보여주는 광고가 아니라 고객이 일단 관심을 보였지만 구매나 문의 등 구체적인 행동으로 이어지지 않은 상황에서 다시 한번 브랜드를 상기시키고 결정을 유도하는 재노출 중심의 광고 전략입니다.

특히 디지털 광고에서는 한 번의 노출로 고객을 전환하는 것이 점점 어려워지고 있으며 가망 소비자들은 수많은 광고와 정보 속에서 비교하고, 보류하고, 떠났다가 다시 돌아옵니다. 이때 리타기팅 광고는 '한 번의 관심'을 놓치지 않고 이어갈 수 있는 방법입니다. 리타기팅 광고는 사용자의 행동 데이터를 기반으로 여러 가지 방식으로 운영됩니다. 그 대표적인 상품들은 광고의 종류에 따라 아래와 같습니다.

- 웹사이트 리타기팅(Website Retargeting)은 가장 보편적인 방식입니다. 고객이 홈페이지를 방문한 후 바로 구매하지 않고 떠났다면 이후에 네이버, 다음, 유튜브, 언론사 사이트, 커뮤니티 등 다양한 매체 내에서 다시 광고가 노출되도록 하는 방식입니다. 주로 쿠키 기술을 이용해 고객을 식별하며 재방문과 전환 유도에 효과적입니다.

- 동적 리타기팅(Dynamic Retargeting) 은 고객이 본 구체적인 제품이나 콘텐츠 정보를 활용해 개인화된 광고를 노출하는 방식입니다. 예를 들어 고객이 A, B, C 상품을 보았다면 이후에도 그 상품 이미지가 자동으로 광고 배너에 담겨 노출됩니다. 이는 쇼핑몰, 여행, 항공, 병원 예약 플랫폼 등 제품 종류가 많은 사이트에서 특히 유효합니다. 고객이 여행사에서 베트남 여행 상품을 보고 나면 계속 베트남 여행 상품이 보이게 됩니다.
- 검색 리타기팅(Search Retargeting)은 고객이 검색한 키워드를 기반으로 광고를 노출하는 방식입니다. 예를 들어 등산화를 검색했던 고객에게 이후 다른 웹사이트나 앱에서 관련 제품 광고를 보여 주는 방식은 의도와 관심을 기반으로 광고할 수 있다는 점에서 신규 고객 유입에 유리합니다.
- 이메일 리타기팅(Email Retargeting) 은 고객이 뉴스레터나 프로모션 이메일을 열람하거나 클릭한 행동을 기반으로 광고를 집행하는 방식입니다.
- 앱 리타기팅(App Retargeting) 은 사용자가 모바일 앱을 설치하거나 실행한 뒤 일정 행동을 하고 나갔을 경우, 다시 앱 내 혹은 외부 앱에서 광고를 보여주는 방식입니다. 예를 들어 사용자가 쇼핑 앱을 열어 상품을 봤지만 결제하지 않았다면 이후 다른 앱에서 다시 해당 상품 광고가 노출될 수 있습니다.
- 영상 리타기팅(Video Retargeting) 은 고객이 유튜브, 네이버TV, 틱톡 등의 플랫폼에서 광고 영상을 3초 이상 시청했거나 특정 영상 콘텐츠를 끝까지 본 경우 이후에 다시 관련 광고를 노출하는 방식입니다. 영상 기반의 브랜드 콘텐츠가 많으신 경우라

면 이 리타기팅을 통해 반복적으로 노출하고 브랜드 인지도를 강화할 수 있습니다.
- 설문 기반 리타기팅(Survey Retargeting)은 만약 고객을 대상으로 한 온라인 설문조사를 진행하셨다면, 응답자에게 후속 광고를 보내거나 설문을 열었지만 응답하지 않은 사람에게 광고를 노출하는 것도 가능합니다.

이처럼 리타기팅은 고객의 이탈 시점에 맞춰 다양한 채널과 방식으로 재접촉이 가능하며 전환율이 일반 광고보다 월등히 높은 편입니다. 단, 너무 자주 반복 노출되면 오히려 고객에게 피로감을 줄 수 있으므로 빈도 설정과 타이밍, 콘텐츠의 정교함이 중요합니다. 그렇다면 이러한 리타기팅 광고에 어느 정도의 예산을 배정해야 적절할까요?

일반적으로는 전체 광고 예산의 10~15%를 리타기팅에 배정하는 것이 적절합니다. 특히 처음부터 많은 예산을 투자하기보다는 기본 유입이 충분히 발생한 이후에 점진적으로 늘리는 것이 효과적입니다. 아무리 리타기팅을 하고 싶어도 웹사이트 방문자나 동영상 시청자가 충분하지 않으면 집행 자체가 어려운 경우도 있기 때문입니다.

제품이나 업종에 따라 예산 비율은 달라질 수 있습니다. 예를 들어 구매 결정이 빠르고 가격이 낮은 저관여 제품의 경우에는 전체 예산의 10% 정도만 리타기팅에 활용하셔도 충분합니다. 이 경우에는 광고를 본 순간 바로 구매로 이어지는 경우가 많기 때문에 반복적인 리타기팅이 필요하지 않습니다.

반대로 고가의 미용 상품, 고가 가전, 보험 등과 같은 고관여 제품의 경우는 고객이 여러 번 비교하고 재방문하는 과정에서 전환이 이뤄지므로 리타기팅 광고의 효과가 훨씬 큽니다. 이럴 때는 20% 정도까지 리타기팅 예산을 확대하셔도 좋습니다.

리타기팅 광고는 고객의 관심을 놓치지 않고 전환으로 이어지게 만드는 중요한 전략입니다. 예산 대비 높은 성과를 기대하실 수 있습니다. 리타기팅 광고는 타깃 광고와 함께 운영할 때 시너지 효과가 극대화되며 이탈한 고객을 다시 불러오는 'N 번째 기회'를 창출할 수 있습니다.

타깃 광고 예산의 최소 집행 금액은 얼마?

이 질문은 제가 강의를 마친 후 현장에서 가장 많이 받는 질문입니다. 광고를 처음 집행해 보시는 분들부터 이미 마케팅을 활발히 하고 있는 경험 있는 광고주들까지 누구나 궁금해하는 부분입니다. 실제로 예산은 기업의 규모, 업종, 목표에 따라 매우 달라지기 때문에 정답을 말씀드리기는 어렵습니다. 개인이 운영하는 1인 브랜드와 중견기업 이상의 마케팅팀이 운영하는 예산 규모는 다르기에 각자의 상황에 맞게 접근해야 합니다.

하지만 실제로 광고 플랫폼에서 직접 캠페인을 만들어보면 어느 정도의 현실적인 기준은 파악하실 수 있습니다. 대부분의 플랫폼은 관리자 모드에서 광고 세팅을 하다 보면 일정 금액 이하에서는 이런 문구를 띄우기 시작합니다. '도달에 충분하지 않습니다',

'학습 단계에 필요한 예산이 부족합니다', 혹은 '노출이 제한될 수 있습니다'와 같은 경고 메시지들입니다. 이때 기준이 되는 예산이 일일 단위로 약 2만 원 전후입니다. 이 금액은 메타(페이스북, 인스타그램), 구글(GDN, 유튜브), 카카오 등 주요 플랫폼에서 공통으로 나타나는 하나의 기술적 마지노선처럼 보입니다.

물론 이보다 적은 예산으로도 광고는 집행할 수 있습니다. 하루에 5천 원, 만 원으로도 분명히 광고는 돌아갑니다. 하지만 그 경우는 아주 좁은 타깃층을 상대로 하거나 지역 광고, 테스트 광고 성격으로 접근할 때 추천해 드릴 수 있는 수준입니다. 광고 예산이 너무 낮으면 플랫폼의 AI가 제대로 학습하지 못하고 데이터를 축적하는 데에도 시간이 더 오래 걸립니다. 광고 효율을 측정할 수 있는 기준 데이터 자체가 부족해져 결국 전환을 측정하거나 A/B 테스트를 하기도 어려워집니다.

도달 광고는 '일단 보여주는 것'이 목적입니다. 그 '보여주기' 조차 제대로 되지 않는 수준의 예산이라면 전략이 아무리 좋아도 효과가 발휘되지 않습니다. 특히 신규 캠페인의 경우에는 플랫폼이 타기팅 성향을 학습하고 최적화된 도달 경로를 만들어가는 데 최소 며칠 간의 노출이 필요합니다. 이때 일정 수준 이상의 예산이 지속해서 투입되지 않으면 AI의 학습이 초기 단계에서 효율이 떨어지게 됩니다.

구독 경제 타깃 광고에 대해

최근 수년간 구독 경제는 단순한 유행을 넘어 우리 일상의 구매 방식 자체를 바꾸는 하나의 소비 패턴으로 자리 잡고 있습니다. 넷플릭스와 같은 영상 스트리밍 서비스는 물론이고, 식품, 의류, 교육, 건강관리, 소프트웨어 등 거의 모든 제품과 서비스가 이제는 '구독'이라는 방식으로 제공되고 있습니다. 여러 광고주들이 기존 사업을 구독형식으로 바꾸고 그에 대한 테스트를 의뢰하고 있습니다.

이러한 변화는 광고의 방식도 함께 바꾸어 놓았습니다. 구독 경제 광고의 핵심은 '계속 사용하게 만드는 힘'입니다. 그런데 이 '계속 사용'의 전제는 무엇일까요? 고객이 첫 번째 결제를 해야 한다는 점입니다. 즉, 첫 가입, 첫 구매, 첫 결제를 얼마나 부담 없이 유도할 수 있는가가 구독 경제 광고의 성패를 결정합니다.

이 첫 진입의 심리적 문턱을 낮추기 위해 광고에서 자주 활용되는 기법이 '가격 착시 효과'입니다. 예를 들어 동일한 가격이라 하더라도 표현 방식에 따라 고객의 반응은 극명하게 갈립니다. 1년에 12만 원이라는 표현과 월 9,900원, 하루 330원이라는 표현은 모두 같은 금액이지만 고객이 받아들이는 '지불의 무게'는 전혀 다릅니다.

특히 구독 경제 모델에서는 고객이 가격을 스스로 '합리화할 수 있도록 도와주는 방식'으로 가격을 제시해야 합니다. 월 9,900원은 심리적으로 '만원이 안 되는 저렴한 비용'으로 인식되고, 하루 330원은 '커피 한 잔도 안 되는 부담 없는 가격'으로 여겨집니다.

같은 금액인데도 어떤 표현을 선택하느냐에 따라 고객의 반응률이 크게 달라지는 이유입니다.

여러분이 구독형 서비스를 운영하고 있다면 가격을 바꾸지 않더라도 광고안에서 가격을 표현하는 방식을 다양하게 시도해 보시기 바랍니다. 그리고 어떤 표현에 고객이 더 반응하는지, 어디서 클릭이 발생하고 어느 지점에서 이탈이 줄어드는지를 주의 깊게 테스트해 보아야 합니다. 이 테스트를 통해 '고객의 심리적 임계점' 즉, 고객이 부담을 느끼기 시작하는 그 경계선을 발견하는 것이 중요합니다.

이러한 심리적 임계점을 이해하면 그에 맞춰 첫 결제 시 할인, 첫 달 무료, 언제든 해지 가능, 무조건 환불 보장 등의 전략을 효과적으로 결합할 수 있습니다. 이 모든 전략은 결국 '한 번 사용해 볼까?'라는 고객의 마음을 흔들기 위한 설계입니다. 구독 경제는 단발성 거래가 아닌 지속적인 관계 형성이 목적이기 때문에 그 출발선에서 고객이 느끼는 감정과 심리를 정밀하게 설계해야 합니다.

광고를 많이 해보시면 가격의 최종 합계는 그대로 두되, 가격과 관련된 기간과 금액에 대한 표현을 바꾸는 것만으로도 광고의 성과는 극적으로 달라질 수 있다는 것을 알 수 있습니다. 구독 경제 광고의 전략은 숫자의 문제가 아닌 심리 게임입니다. 그 문턱을 넘게 만드는 한 줄의 문장, 하나의 표현이 매출을 결정짓는 요인이 됩니다.

네이버 카페 = 도달이 아닌 타깃 광고

한국에는 해외에서 보기 힘든 독특한 형태의 타깃 광고 플랫폼이 존재합니다. 바로 네이버 카페입니다. 네이버 카페는 단순한 커뮤니티를 넘어, 특정 타깃층에게 직접 도달할 수 있는 강력한 마케팅 채널로 자리 잡고 있습니다.

예를 들어, 같은 지역에 거주하거나 같은 학교를 졸업했거나, 특정 질환이나 취미나 관심사를 공유하는 분들이 모여 있는 카페에서는 그 계층만을 위한 정보를 노출시킬 수 있기 때문에 매우 효율적인 타깃 광고가 가능해집니다. 특히 대표적인 사례로 잘 알려진 '맘카페 마케팅'은 이미 많은 분들께서 한 번쯤 들어 보셨을 것입니다. 수십만 명 이상의 회원을 보유한 대형 맘카페에서는 특정 브랜드나 매장의 정보가 매우 빠르게 입소문으로 퍼지기도 합니다.

이러한 카페 마케팅은 보통 세 가지 방식으로 이루어집니다. 첫 번째는 카페 운영자와의 제휴 방식입니다. 광고주는 운영자에게 일정 비용을 지불하고 배너 광고를 하거나 공지 글 형태로 광고를 게시하게 됩니다. 또는 카페 내 특정 게시판을 분양 받아 지속적으로 홍보 글을 게시하는 경우도 있습니다.

두 번째는 이른바 '침투 마케팅'이라 불리는 방식입니다. 광고 대행사가 직접 회원으로 가입하여, 자연스럽게 관련된 글이나 댓글을 작성하며 마케팅을 진행하는 방식입니다. 표면적으로는 일반 사용자의 경험담처럼 보이지만, 실제로는 마케팅 목적을 가지고 활동하는 사례가 많습니다.

세 번째는 다소 민감할 수 있는 방법입니다. 특정 카페에서 글을 작성한 사용자들의 ID를 기반으로, 다른 플랫폼에서 그 사람들을 맞춤 타깃으로 설정하는 방식입니다. 이 경우 개인정보 활용과 관련된 논란이 발생할 수 있기 때문에 신중하게 접근해야 하며, 이 책에서는 자세한 설명은 생략하겠습니다.

카페 마케팅의 목적은 크게 두 가지입니다. 카페 내에서 여론을 형성하는 것과 네이버 통합검색에서의 노출 효과를 중장기적으로 노리는 것입니다. 네이버는 통합검색에서 카페의 글도 노출해 주고 있습니다.

하지만 이런 마케팅에는 위험 요소도 존재합니다. 의도치 않게 부정적인 여론이 형성되거나, 홍보 방식이 지나치게 상업적으로 비쳐질 경우 오히려 역풍을 맞을 수 있습니다. 실제로 특정 음식점이나 병원이 지역 맘카페에서 좋지 않은 소문이 퍼지면서 손님이 급감한 사례들도 적지 않게 있습니다.

또한 대부분의 대형 네이버 카페는 일반 개인이 운영하는 것이 아니라, 사업자 등록을 한 상태에서 운영되고 있으며, 세금계산서 발행도 가능한 회사라고 보고 접근하시는 것이 좋습니다.

네이버 카페는 단순한 커뮤니티를 넘어, 정확한 타깃층에게 도달하면서 동시에 여론까지 형성할 수 있는 매우 특수한 타깃 광고 매체라고 보실 수 있습니다. 그리고 광고 효과를 다방면으로 노리거나, 대형 홍보프로젝트의 경우 유튜브, 카카오, 페이스북, 인스타그램 등의 매체와 더불어 네이버 카페까지 포트폴리오 구성을 하는 경우가 많습니다.

PART. 4

최적의 콘텐츠와 크리에이티브 구성

도달 광고의 핵심은 결국 타깃 인구에게 '무엇을 보여줄 것인가'에 달려 있습니다. 도달은 보이지 않는 기술이지만 발견은 육안으로 보이는 콘텐츠로 구현됩니다. 이 PART는 광고 문구와 이미지, 영상 크리에이티브가 어떤 맥락과 감각으로 구성되어야 타깃의 관심을 붙잡을 수 있는지를 집중적으로 다룹니다. 플랫폼이 금지하는 문장들, AI가 걸러내는 광고 표현들, 그리고 광고 피로도를 줄이는 표현 전략까지 실제 사례와 경험을 중심으로 설명해 드립니다. 특히 중소규모 브랜드가 자원을 아끼면서도 설득력 있는 콘텐츠를 제작하는 방법을 구체적으로 다루기 때문에 '크리에이티브의 감각'이 부족하다고 느끼는 독자에게 유익한 가이드가 될 것입니다.

사용자를 불편하지 않게 하는 광고란?

유튜브와 페이스북, 인스타그램 등의 도달 광고를 하다 보면 사용자를 불편하게 하지 말라는 경고가 메일로 오면서 광고가 중단되는 경우가 많습니다. 이들뿐 아니라 국내의 카카오 광고도 마찬가지입니다. 광고가 비활성화되는 경우입니다. 왜 이렇게 광고가 비활성화되는 것일까요?

가장 큰 이유는 사용자를 불편하게 했기 때문입니다. 이런 상황에서 대부분의 초보 광고주는 '나는 사용자를 불편하게 하지 않았는데 억울하다'고 생각하며 플랫폼의 광고 규정을 찾아봅니다. 마약, 성인물, 폭력 등의 자극적인 콘텐츠나 청소년 유해 광고 금지 조항을 확인한 후, 자신은 이런 위반 사항에 해당하지 않는다고 판단하고 고객센터에 항의하게 됩니다. 그러나 내 광고는 다시 활성화되지 않습니다.

이유가 무엇일까요? 내가 도대체 무엇을 그리 잘못했길래, 나의 광고는 중단되었을까요? 바로 여러분이 생각한 포인트가 잘못되었습니다. 사용자들이 불편하다고 느낄 것이 단지 폭력, 성인 콘텐츠, 마약, 도박만이 아닙니다. 거꾸로 생각해 보시기 바랍니다. 여러분은 무엇이 불편한가요?

여러분의 취향과 관심과 무관한 것이 자꾸 눈에 뜨이는 게 불편하지 않으신 가요? 20대 여성에게 주름제거 화장품 광고를 보여주거나, 50대 여성에게 20대를 위한 발랄한 패션 광고를 노출하는 것은 어느 정도 잠재적인 불편함을 유발할 수 있습니다. 따져보면 불편함이라기 보다 이질감입니다. 이런 작은 이질감이 모여 불편함을 만듭니다.

젊은이들은 페이스북에 정치 이야기를 하는 중장년 남성들과 그들을 겨냥한 광고만 있다고 불만을 토로합니다. 중장년층도 마찬가지로 인스타그램의 맛집 투어를 하는 20대 여성들을 보며 소외감을 느낍니다. 바로 이런 '나와는 거리가 멀다'는 이질감이 불편함을 만들어냅니다.

불편하면 사용자는 나와 맞는 플랫폼, 나와 맞는 커뮤니티를 찾아 떠납니다. 사용자가 떠나면 플랫폼은 어떻게 될까요? 플랫폼이 가장 겁내는 것은 사용자의 이탈입니다. 역사 속으로 퇴장한 플랫폼은 국내외에 많습니다. 프리첼, 싸이월드, 세이클럽, 버디버디, PC통신 천리안, 하이텔, 나우누리, 해외의 마이스페이스 등 이들의 퇴장에는 기술의 변화, 경쟁플랫폼의 등장, 잘못된 유료화 개편도 있지만 이질감과 불편함을 느낀 사용자의 이탈이라는 공통점이 있습니다. 플랫폼이 가장 겁내는 것은 사용자 이탈입니다.

플랫폼은 광고주가 사용자를 불편하게 하는 광고를 가장 경계합니다. 이를 막기 위해서 여러분이 이질감을 느끼게 하는 광고를 만들 경우, 플랫폼은 여러분의 광고를 비활성화하거나 품질평가 지수를 나쁘게 주어 광고 단가를 높여 버립니다.

광고 단가가 높아지면 어떤 일이 벌어질까요? 비용 부담을 느낀 광고주들은 광고 집행을 중단하게 됩니다. 품질 평가 지수가 떨어져 광고 단가가 오르면, 결국 높은 비용을 감당하지 못해 광고를 포기하게 되는 것입니다. 플랫폼들은 바로 이런 방식으로 광고 생태계를 관리하고 있습니다.

글로벌 플랫폼들이 가장 경계하는 것?

페이스북, 인스타그램, 유튜브, 틱톡과 같은 글로벌 플랫폼이 네이버, 카카오와 같은 국내 광고 플랫폼에 비하여 엄격한 기준으로 여러분의 광고를 검수하는 기준은 '차별'입니다. 많은 광고주들이 이해하지 못하는 것이 이 '차별'입니다. 그간의 국내 광고 플랫폼과 국내의 문화와 정서에서는 이러한 차별에 대한 경험을 느껴 보지 못했기에 글로벌 플랫폼의 차별 필터링 기준을 이해하지 못하게 됩니다.

서구에서 발전하여 한국으로 넘어온 글로벌 플랫폼들은 특히나 인종 차별에 대한 콘텐츠를 초반부터 강하게 제재해 왔습니다. 한국과 달리 다문화, 다인종 사회이기 때문에 인종 차별 문제는 사용자가 대량 이탈하는 원인이 될 수 있고 사회적 문제가 되었기 때문입니다.

이후에 같은 맥락으로 종교적 차별, 빈부의 차별, 외모의 차별, 지역의 차별 등을 모두 강하게 제재하였습니다. 특히 미국은 가짜뉴스와 관련하여 정치권에서 강한 가이드라인을 가지고 있기에 이것이 전 세계적으로 적용됩니다.

현재도 미국의 대통령 선거 시즌이 되면, 페이스북, 인스타그램, 구글, 유튜브 광고의 광고 심의가 아주 엄격해지고 광고가 무더기로 비활성화가 되는 것을 경험할 수 있습니다. 미국의 대통령 선거가 한국의 화장품 광고와 건강식품 광고에까지 영향을 미치는 것입니다.

많은 분들이 차별이라고 하면 인종 차별 정도만 떠올리는데, 실제로는 훨씬 광범위합니다. 외모를 기준으로 한 차별도 엄격하게 관리됩니다. 예를 들어 예쁜 사람과 그렇지 않은 사람, 눈이 큰 사람과 작은 사람, 잡티가 있는 사람과 없는 사람, 체형이 다른 사람들, 또는 여성의 신체 특징을 차별적으로 다루는 광고는 즉시 비활성화됩니다.

그래서 다이어트 광고는 비활성화가 되는 경우가 많습니다. 이것이 차별의 사유가 될 수 있다는 것을 모르는 마케터와 광고주가 많습니다. 다이어트가 무슨 문제냐고 말할 수 있지만 다이어트 광고 내에서 날씬한 사람이 뚱뚱한 사람에 비하여 우월하다는 느낌을 주는 것은 AI가 차별이라 판단하고 광고를 중단시켜 버립니다. 즉 날씬하지 않은 사람을 불편하게 만들 가능성에 대하여 플랫폼은 모니터링하는 것입니다. 차별에는 이런 속성들이 있으니, 이러한 관점에서 광고를 바라봐 주시기 바랍니다.

비활성화의 주요 원인 = 과장, 혐오, 검증되지 않은 주장

글로벌 광고 플랫폼, 특히 미국 기반의 메타(페이스북·인스타그램), 구글, 유튜브 등에서는 광고 소재에 대한 규제가 매우 엄격합니다. 이는 단순한 기업 정책 차원을 넘어 정치적·사회적 환경과 깊은 연관이 있습니다. 미국은 가짜 뉴스나 과장된 정보, 혐오 표현에 대해 민감하게 반응하는 국가로, 실제로 의회가 플랫폼 기업의 CEO를 불러 청문회를 열고 대규모 벌금을 부과하는 일도 자주 벌어집니다. 표현의 자유는 보장되어야 하지만 허위 정보나 혐오 콘텐츠는 절대 허용되지 않는다는 원칙이 강하게 작동하는 것입니다.

광고를 플랫폼에서 차단하는 비활성화의 주요 원인은 크게 세 가지로 요약할 수 있습니다. 과장된 표현, 혐오로 해석될 수 있는 이미지나 문구, 그리고 검증되지 않은 과학적 주장입니다. 이 기준은 단지 법적 리스크 때문만이 아니라 플랫폼의 신뢰성을 보호하기 위한 정책이기도 합니다. 페이스북, 인스타그램, 구글, 유튜브가 가장 두려워하는 것이 무엇일까요? 결국 과장된 광고에 지쳐서 사람들이 플랫폼에서 떠나는 것입니다. 그래서 광고 비활성화로 플랫폼을 정화합니다.

첫째, 과장된 표현은 AI 알고리즘에 의해 매우 민감하게 필터링됩니다. 예를 들어 '-10kg 책임 감량' 같은 다이어트 식품 광고 문구는 특정한 수치와 보장된 결과를 전제로 하기에 플랫폼에서 '비현실적이고 오해를 유도하는 광고'로 간주하여 비활성화될 가능성이 큽니다. AI는 누적된 데이터와 반응을 학습하면서 '다수의 사람에게 동일하게 적용되지 않는 결과'에 대한 표현을 점점 더 정교하게 판별합니다. 그래서 클릭을 유도하기 위해 극단적인 수치를 넣거나 '100% 보장' 같은 문구를 쓰는 것은 이제 매우 위험한 전략입니다.

둘째, 혐오 콘텐츠에 대한 기준은 국내 광고주들이 특히 놓치기 쉬운 부분입니다. 국내에서는 혐오 표현을 문화적으로 해외와 다르게 판단하는 경향이 있습니다. 예를 들어 성인물, 총기, 마약, 도박, 폭력을 대표적인 혐오 콘텐츠로 봅니다. 하지만 글로벌 플랫폼에서는 신체 부위의 과도한 확대, 피부 트러블의 클로즈업, 바늘이 피부를 관통하는 장면 등도 해당됩니다.

예컨대 모공 화장품 광고를 하면서 모공을 과하게 확대하면 사용자는 불쾌함을 느낄 수 있고 플랫폼은 이를 '혐오성 이미지'로 인식해 광고를 중단시킵니다. 피부 상태개선을 표현하기 위한 비포애프터 사진도 마찬가지입니다. 소비자에게는 설득력이 있을 수 있지만 AI 기반의 광고 심의 시스템은 이러한 광고 소재가 과장성이 있다고 판단합니다. 여러분이 집중해야 하는 것은 어떻게 'AI의 광고 소재 검증을 통과할 것인가'입니다. 사람이 심의하지 않습니다. AI가 심의합니다.

셋째, 검증되지 않은 과학적 주장 역시 비활성화의 주요 원인입니다. 대표적인 예가 줄기세포 치료 관련 광고입니다. 줄기세포 자체는 의료에서 중요한 위치를 차지하지만, 효과에 대해서는 현재까지 의료계나 국가기관에서 '검증된 주류 치료법'으로 인정하지 않은 상태입니다. 따라서 줄기세포 화장품, 줄기세포 시술, 줄기세포 기반의 항노화 치료 등은 과학적으로 입증되지 않은 주장으로 간주하여 대부분의 경우 광고가 차단됩니다.

플랫폼은 광고를 통해 소비자에게 전달되는 정보가 과학적으로 검증된 내용인지 아닌지를 판단하는 내부 기준을 갖고 있으며, 주류 의학이 아닌 정보는 원칙적으로 제한하는 방향으로 움직이고 있습니다.

이처럼 광고를 기획할 때 단지 본인의 감이나 기준으로 소재를 만들어 집행하면 글로벌 플랫폼에서는 빈번히 비활성화되는 문제를 겪게 됩니다. 특히 AI 심의가 주를 이루는 지금은 사람이 일일이 검토하는 것이 아니라 알고리즘이 정한 기준에 따라 시스템에 의해 판단되기 때문에, 광고 소재와 문구를 설계하는 단계에서부터 이러한 기준을 철저히 반영해야 합니다.

광고가 지속해서 비활성화되는데 계속 동일한 패턴으로 도전하면 결국 계정이 중단되어 버립니다. 계정이 중단되면 돌이킬 수 없습니다. 대부분 새로운 이메일과 새로운 핸드폰으로 계정을 다시 만들어도 비활성화됩니다. 타깃 광고를 효율적으로 운영하려면 플랫폼의 정책적 흐름과 문화적 정서와 AI가 체크하는 기준을 함께 이해해야 합니다.

나는 잘못이 없는데 플랫폼이 기준이 없는 것 같다며 똑같은 패턴으로 광고를 고집하면 결국 계정은 중단됩니다. 실제로 메타와 구글 계정이 중단되어 광고하지 못하는 고객을 많이 봅니다. 중단된 이후에는 대부분 복구가 어렵습니다. 불리한 조건에서 광고를 운영해야 합니다.

소기업의 경우, 광고 이미지 제작, 영상 제작은 어찌할까?

소기업을 운영하시는 대표님이나 마케팅 담당자 여러분께서 타깃 광고를 공부하고 직접 설정까지 익히셨다고 하더라도 반드시 한 번은 마주하게 되는 벽이 있습니다. 그것은 바로 광고 소재 제작, 즉 이미지, 카드 뉴스, 영상 같은 크리에이티브 콘텐츠의 문제입니다. 아무리 광고 설정을 잘하더라도 정작 광고에 들어갈 콘텐츠를 만들 수 없다면 실질적인 캠페인을 운영하기 어렵습니다.

많은 소기업은 전담 디자이너나 영상 제작 인력을 따로 둘 여력이 없습니다. 대표님이나 실무자가 직접 포토샵을 배우거나 프리미어 같은 영상 편집 프로그램을 익히기도 어려운 것이 현실입니다. 과거에는 이러한 기술의 부재가 곧 광고 진행의 중단으로 이어지곤 했습니다. 그러나 지금은 상황이 많이 달라졌습니다. 기술과 서비스의 변화 덕분에 소기업도 대기업 못지않은 크리에이티브 퀄리티를 확보할 수 있는 시대가 되었습니다.

첫 번째 해법은 프리랜서 플랫폼의 활용입니다. 크몽, 숨고 등 검증된 프리랜서 마켓에서는 디자인, 영상, 썸네일, 카드 뉴스 등 다양한 작업을 맡길 수 있는 프리랜서를 손쉽게 찾을 수 있습니다. 별점과 후기 기반으로 신뢰도를 확인할 수 있고 작업 범위와 예산도 협의할 수 있기 때문에 필요할 때 필요한 만큼만 외주를 맡기면 됩니다. 정규직 인력을 두지 않더라도 충분히 고퀄리티의 결과물을 확보할 수 있는 현실적인 방법입니다.

두 번째는 자동화된 디자인 툴의 활용입니다. 대표적으로 망고보드, 타일 같은 웹 기반 도구들은 파워포인트를 다룰 줄 아시는 분이라면 누구나 손쉽게 사용할 수 있습니다. 별도의 설치 없이 웹에서 바로 디자인을 완성할 수 있고 저작권 걱정 없이 사용할 수 있는 이미지, 아이콘, 폰트 등이 포함되어 있어 소기업에 매우 유용합니다. 한 달에 1~2만 원 정도의 소액 구독만으로도 전문가 수준의 비주얼을 만들 수 있습니다.

세 번째는 AI 도구의 활용입니다. 요즘 가장 많이 활용되는 AI 도구로는 챗지피티와 미드저니가 있습니다. 챗지피티는 기획파트에서 광고 문구나 영상 스크립트를 짜는 데 매우 유용하며 미드저니는 고해상도의 이미지를 생성하여 썸네일, 광고 배너 등에 활용할 수 있습니다. 또, 캡컷(CapCut)과 같은 AI 기반 영상 편집 툴을 활용하면 영상 제작도 훨씬 수월해집니다.

유튜브나 블로그를 통해 기본적인 사용법만 익혀서도 실전에 바로 적용하실 수 있는 수준입니다. '디자이너가 없어서 광고를 못 한다'는 말이 더 이상 유효하지 않은 시대입니다. 디자이너 없이도 기본적인 광고는 충분히 가능합니다. 플랫폼과 도구만 잘 활용하면 기본 퀄리티로는 제작할 수 있습니다.

'무료'와 '할인'이라는 단어의 마법과 리스크

'무료'와 '할인'이라는 단어는 광고에서 가장 강력한 클릭 유도 장치 중 하나입니다. 누구나 한 번쯤 '무료 체험', '50% 할인', '첫 구매 할인'이라는 문구에 이끌려 링크를 눌러본 경험이 있을 겁니다. 실제로 대부분의 타깃 광고 플랫폼에서 A/B 테스트를 해보면, 이런 단어를 포함한 소재는 대체로 높은 클릭률을 기록합니다. 하지만 마케터라면 반드시 이 '높은 반응률' 이면에 도사리고 있는 신뢰의 리스크를 냉정하게 들여다봐야 합니다.

문제는 이 전략이 항상 통하지는 않는다는 데 있습니다. 특히 신뢰 기반 산업에서는 '싼 가격'이 곧 '의심'으로 이어지는 경향이 강합니다. 의료, 교육, 금융, B2B 서비스처럼 전문성과 안전성이 중요한 분야에서는 할인율이 높아질수록, 가격이 파격적일수록 오히려 반응률이 떨어지는 역효과가 나타나는 임계점이 있는데 그 경계를 잘 알아야 합니다.

예를 들어 대부분의 임플란트 광고가 49만 원 선에서 경쟁하고 있을 때 누군가 39만 원으로 광고하면 주목을 받을 수 있습니다. 하지만 만약 같은 조건에서 19만 원이라는 극단적인 가격이 등장하면 소비자는 의심부터 하게 됩니다. '이 가격에 과연 제대로 된 치료가 가능할까?' '뭔가 숨겨진 조건이 있는 건 아닐까?' 하는 불신이 클릭 자체를 차단하게 만드는 것입니다.

　이 현상에는 명확한 심리적 임계점이 존재합니다. 가격이 낮아질수록 구매 저항은 줄어들지만 일정 수준을 넘으면 '품질 불신'이 개입하면서 구매욕을 가로막습니다. 특히 전문성과 안전성이 핵심인 분야에서는 고객이 가장 우선시하는 것은 '가성비'가 아니라 '신뢰'입니다. 이때 '무료', '할인'이라는 메시지는 고객의 머릿속에서 '이 회사는 싸지만 위험할 수 있다'는 인식으로 전환될 수 있습니다.

　또 하나의 문제는 브랜드의 장기 신뢰도입니다. 가격에만 의존하는 마케팅은 단기적인 트래픽은 얻을 수 있어도 브랜드에 대한 신뢰는 쌓기 어렵습니다. '싸서 선택된 브랜드'는 '믿고 선택된 브랜드'가 될 수 없습니다. 고객은 여러분을 한 번은 클릭할 수 있지만 두 번 다시 찾을지는 전혀 다른 문제입니다. '신뢰를 기반으로 재방문하는 고객'이 브랜드 자산의 핵심인데 '가격 기반의 유입'은 이런 구조를 무너뜨립니다.

　광고란 클릭을 만드는 것이 아니라, 관계를 만드는 것입니다. 타깃 광고의 소재 전략을 짤 때는 단순히 '몇 명이 눌렀는가'를 넘어서 '이 메시지가 우리 브랜드에 어떤 이미지를 남기는가'를 반드시 고려해야 합니다.

어그로를 끄는 광고는 오래가지 못한다

'어그로'는 원래 'aggression'(공격성)에서 유래한 인터넷 신조어입니다. 타인의 감정이나 호기심을 자극해서 강하게 관심을 끌어당기는 전략을 말합니다. 특히, 놀람, 분노, 충격, 궁금증 같은 감정을 이용해서 사람이 그냥 지나치지 못하게 만드는 것을 목표로 합니다. 단순히 관심을 끄는 것을 넘어서 의도적으로 과장하거나, 논란을 만들거나, 도발적이거나 자극적인 소재를 활용하는 경우가 많습니다.

어그로성 광고는 단기간 높은 클릭률을 가져오지만 피로도에 의해서 결국 오래 가지 못합니다. 광고주의 입장에서 어그로성 광고는 단기 실적의 측면에서 달콤하지만 브랜드의 측면에서는 장기적으로 제 살을 깎아먹는 것입니다.

어그로성 온라인 광고에 반응하는 계층은 학력, 교육 수준에 상관없이 있습니다. 호기심이 강하거나, 유혹에 약하거나, 연령이 높거나, 인터넷 활용 능력이 떨어지거나 낮은 수준의 광고에 잘 반응하는 계층들이 있습니다. 우리는 뉴스에서 노인들에게 건강식품을 비싸게 판매하는 사기 판매자들을 자주 접할 수 있습니다.

온라인 타깃 광고에도 그런 광고들이 많이 있습니다. 로또 당첨번호 예측, 주식이나 코인 리딩방, 무료 가족사진 증정, 아역배우 캐스팅, 사주 꿈해몽 국제전화, 연애 상담 전화, 관절염 건강식품 등등에서 일부 어그로성 광고들이 그동안 있어 왔습니다.

이런 광고는 과장성을 극대화하여 어그로성으로 타깃 광고를 진행하고 매출을 극대화하지만 곧 환불과 항의의 후폭풍에 휘말리고 맙니다. 대부분 사회적으로 문제가 된 아이템들입니다. 이러한 타깃 광고는 달콤하지만 결국 문제에 부딪혀서 계속할 수 없으니 집행하지 않는 것이 좋습니다.

기획은 결국 페인포인트 공략! 가설을 검증하라!

광고의 결과가 좋은 아이템들을 보면 대부분 본질에 집중한 케이스가 많습니다. 아이템 개발에 힘쓰고 그 과정에서 기획된 고객의 페인포인트 해결 방식을 광고에도 잘 표현하여 적용해야 합니다. 이를 바탕으로 광고 소재를 개발하여 테스트하고 결과를 도출하는 것입니다.

많은 사람들이 대기업과 성공한 스타트업들은 제품을 개발하여 광고만 적당히 하여도 성공할 것이라 생각하는데 실제 그렇지 않습니다. 많은 경우 대기업도 50% 이상의 아이템이 실패합니다. 하지만 끝까지 가설을 세우고 A/B 테스트를 해보고 결과를 검증해 보는 과정을 거칩니다.

지금은 유명한 숙박 APP의 광고를 맡은 적이 있습니다. 당시에 해당 APP은 지금처럼 숙박 APP이 아니라 모텔 APP이었습니다. 매출이 주로 주말에만 나오고 모텔의 예약과 결제를 남성이 주로 하기에 연애 중인 20~30대 남성을 타깃 하는 광고만 하였습니다. 하지만 '주중에도 수요가 있을 것이다', '여성 고객도 파티룸 용도로 이용할 것이다', '가족 여행객도 관심을 보일 것이다'라는 가설을 세우고 각각에 대한 A/B 테스트를 진행했습니다. 그 결과 단순한 모텔 예약 앱이 종합 숙박 플랫폼으로 발전했고, 지금은 여행뿐 아니라 레저, 스포츠 티켓까지 다루는 서비스로 성장했습니다. 이는 지속적인 가설 수립과 A/B 테스트, 결과 검증을 통해 고객의 진짜 니즈를 발견하고 아이템을 개선해 나간 결과입니다.

다음으로 지금은 아주 유명한 프리랜서들의 세금을 환급해 주는 APP 서비스가 있습니다. '아이디어 좋네, 그러니 회원 가입이 많겠지' 이렇게 단순하게 생각하시는 분들이 대부분일 것입니다. 그러나 실제 그렇지 않습니다. 해당 서비스는 처음에 법인의 세무 쪽을 테스트했었고, 다음으로 개인사업자의 세무대행을 테스트하고, 성과가 없자 마지막에 프리랜서들을 위한 테스트를 하였습니다. 내부적으로 상당히 많은 가설검증이 있었고, 그 시간 동안 큰 고통이 있었습니다. 끊임없는 테스트 속에 마지막에 성공한 아이템이었습니다.

제가 이들 브랜드 성장의 초기에 함께 하며 느꼈던 것은 가설을 세우고 광고한 뒤 결과를 데이터로 검증하는 습관이 성공을 향한 성장의 큰 포인트였다는 것입니다. 여러분의 기업에 가설 수립과 검증을 반복하는 DNA를 반드시 심기 바랍니다.

우리 제품은 명품이라 함부로 광고하면 안 된다??

우리 제품은 명품이라 함부로 광고하면 안 된다는 말은 제가 광고주를 만나서 상당히 오랜 기간, 잦은 빈도로 들어온 말입니다. 특히 해외 본사를 둔 럭셔리 브랜드의 내부 마케터일수록 '싸 보이면 안 된다'는 생각을 강하게 갖고 계십니다. 그래서 광고 소재의 컬러, 문안, 배치 하나하나에 본사의 엄격한 가이드가 적용되고 대부분은 브로슈어 그대로 광고를 만들라고 요청하십니다. 하지만 그렇게 만들어진 광고, 성과는 잘 나올까요?

브로슈어처럼 정적인 이미지만 반복하면 소비자의 반응은 금세

시들해집니다. 타깃 광고에서 중요한 건 '응용'과 '활용'입니다. 고급스러움을 유지하면서도 소비자가 실제 사용하는 모습을 보여줘야 합니다. 가망 고객들은 이미 브로슈어에서 본 적 있는 문구나 스펙 정보에는 더 이상 관심이 없습니다. 그보다는 실제로 제품을 착용하거나 사용하거나, 음식을 먹는 장면 같은 '살아있는 장면'을 기대합니다.

예를 들어 슈퍼 리치를 타깃으로 요트 광고를 한다고 가정해 보겠습니다. 요트의 길이, 엔진 사양 같은 숫자를 나열한다고 해서 마음이 움직일까요? 그보다는 바다 위를 미끄러지듯 항해하는 요트, 그 위에서 샴페인을 마시며 여유를 즐기는 사람들의 모습이 더 강렬하게 다가옵니다. 명품의 가치를 지키는 것과 광고의 생동감을 살리는 것은 양립할 수 있습니다. 중요한 건 고급스러움을 해치지 않으면서도 고객의 현실에 닿는 방식으로 '살아있는 장면'을 보여주는 응용력입니다.

브랜드의 품격을 지키면서도 광고가 살아 움직이게 만드는 방법에 대한 고민이 필요할 때입니다. 명품의 '격'을 지킨다는 이유로 광고를 제한하면 결국 그 명품의 존재 자체를 대중에게 알릴 기회조차 놓치게 됩니다. 진정한 고급감은 단순히 정적이고 차분한 이미지를 고수하는 것이 아닙니다. 고급스러움을 잃지 않으면서도 고객의 현실에 닿을 수 있는 장면을 그려내는 방법을 찾는 것이 필요합니다.

호랑이는 죽어서 가죽을 남기는데, 실패한 광고는?

"호랑이는 죽어서 가죽을 남기고, 사람은 죽어서 이름을 남긴다."는 말을 마케팅 현장에 비추어 본다면 집행된 광고는 과연 무엇을 남겨야 할까요? 잘된 광고는 말할 것도 없이 매출 상승이나 브랜드 인지도의 향상이라는 가시적인 성과를 남깁니다. 하지만 그렇지 못한 실패한 광고는 무엇을 남기는 걸까요?

많은 광고주들이 캠페인이 실패하면 '우리는 이 플랫폼과 맞지 않는 것 같다'며 성급하게 결론을 내리고 돌아보지 않는 경우가 많습니다. 하지만 진짜 중요한 것은 그 실패 안에 숨어 있는 원인을 해석하는 것입니다. 실패한 광고의 데이터를 분석한다면, 최소한 같은 실수를 반복하지 않을 수 있습니다.

유명한 프로게이머나 바둑의 전설적인 기사들이 경기 이후 복기하는 이유는 하나입니다. 실패에서 얻은 교훈이 다음 승리의 밑거름이 되기 때문입니다. 게임이나 바둑처럼 직관과 추론이 중요한 영역에서는 고수가 아니면 복기가 쉽지 않지만 디지털 광고는 다릅니다. 모든 결과가 데이터로 기록되고 모든 행동이 수치로 남기 때문에 오히려 훨씬 체계적인 복기가 가능합니다.

문제는 대부분 이를 활용하지 않는다는 점입니다. 실패한 광고도 데이터를 남깁니다. 단지 클릭률이 낮았는지, 전환이 없었는지를 넘어서 어떤 타깃에서, 어떤 크리에이티브에서, 어떤 시간대에서 반응이 미미했는지를 정확히 들여다볼 수 있습니다. 그리고 그 안에서 반드시 유의미한 인사이트가 나옵니다.

특히 타깃 광고는 반복과 최적화의 싸움입니다. 단 한 번의 캠페인으로 성패를 단정 짓는 것은 시험을 한 번 치르고 포기하는 것과 같습니다. 실패한 광고를 끝까지 복기하였는지, 그 안에서는 어떤 조건에서 성과가 나지 않았는지를 분석하셨는지 스스로에게 물어봐야 합니다.

더불어, 기억하셔야 할 또 하나의 관점은 '우리 내부의 성과'보다 '업계 평균 대비 성과'에 주목하는 것입니다. 내부적으로 어떤 제품의 클릭률이 높았고 어떤 캠페인에서 문의가 많이 들어왔는지는 매우 중요한 정보입니다. 하지만 정말 날카로운 인사이트는 같은 업종, 비슷한 타깃, 유사한 조건에서 진행된 다른 브랜드의 성과 대비 우리는 어떤가를 비교할 때 나옵니다. 이런 비교는 대행사에게 있어서는 일상이지만 브랜드 내부에서는 접하기 어렵기 때문에 경험 많은 광고 대행사의 의견을 적극적으로 청취하시는 것이 좋습니다. 최근에는 플랫폼에서도 일부이지만 동종업계 대비 데이터를 제공하고 있어 벤치마킹이 한결 수월해졌습니다. 이러한 상대적 성과 지표를 통해 우리의 진짜 위치를 파악하고, 개선해야 할 구체적인 방향을 찾을 수 있습니다.

실패한 광고도 '데이터'라는 자산을 남깁니다. 이 자산을 분석하고 활용하는 광고주가 업계에서 승리를 끌어냅니다. 디지털 광고는 결과가 아니라 과정 전체를 마케팅 자산으로 남길 수 있는 아주 강력한 도구임을 잊지 마시기를 바랍니다.

광고 클릭률이 높은데 매출은 왜 나쁠까?

이 질문은 디지털 광고를 시작한 많은 광고주들이 마주하게 되는 현실적인 의문입니다. 클릭률이 높다는 것은 분명 긍정적인 신호입니다. 사람들이 광고에 관심을 보이고 실제로 클릭해 들어왔다는 것입니다. 그런데 이상하게도 매출로 이어지지 않습니다. 일단 클릭률이 높다는 것은 타깃 광고를 잘했다는 의미일 것인데 왜일까요?

타깃 광고는 클릭으로 끝나지 않습니다. 클릭은 고객 여정의 출발선일 뿐입니다. 그리고 그 여정은 클릭 이후의 경험, 즉 홈페이지에서의 경험, 상담과 결제의 설득 과정에서 성패가 갈립니다. 우선 흔히 발생하는 네 가지의 문제 상황을 정리해 볼 수 있습니다.

첫째, 광고 클릭률 자체가 낮은 경우입니다. 이는 광고 크리에이티브, 메시지, 디자인, 문구에서 실패했다는 신호입니다. 사용자의 시선을 끌지 못했고 기대감을 만들지 못했다는 뜻입니다.

둘째, 클릭은 발생하지만 방문자가 상세 페이지에 들어오자마자 바로 나가는 경우입니다. 이 경우 문제가 되는 것은 바로 '이질감'입니다. 광고에서 제시한 톤과 내용, 이미지, 혜택과 실제 홈페이지에 들어왔을 때 보여지는 정보가 전혀 다를 경우 사용자는 '낯설고 불편한 느낌'을 받습니다.

광고 이미지가 세련되고 고급스럽게 꾸며져 있었는데 클릭 후 도착한 홈페이지는 디자인이 낡고 불편하며 모바일에 최적화되어 있지 않은 구조라면 사용자는 혼란을 느낍니다. 심지어 텍스트가 너무 많거나, 폰트가 작거나, 결제 버튼이 잘 보이지 않는 구조라면 이탈은 더 빨라질 수밖에 없습니다. 이 모든 것이 홈페이지의 완성도와 광고 간의 정서적, 시각적 '이질감'에서 비롯됩니다.

셋째, 광고 클릭 → 홈페이지 체류는 일정 수준 확보 → 그러나 구매나 문의로 연결되지 않는 경우입니다. 이 단계까지 온 방문자는 관심은 있는 상태입니다. 그러나 제품 설명이 불충분하거나, 가격에 대한 명확한 정보가 부족하거나, 구매 버튼이 보이지 않거나, 신뢰성을 높여줄 후기나 인증 정보가 없다면 사람들은 망설입니다. 이 또한 '결정 장애'를 유발하며 전환을 막습니다.

넷째, 모든 것이 괜찮아 보이지만 결제나 문의 직전에 이탈하는 경우입니다. 이 경우는 결제 방식이 불편하거나, 페이지 로딩 속도가 느리거나, 보안 인증이 부족해서 불안함을 느낀 경우일 수 있습니다. 또는 '이거 진짜 믿어도 되나?' 하는 심리적 장벽을 넘지 못한 것일 수도 있습니다. 광고는 클릭을 유도하지만 결제는 신뢰가 쌓여야 가능한 행동입니다.

광고를 잘한다는 것은 단지 '사람을 데려오는 것'이 아니라, '온 사람을 고객으로 바꾸는 설계'를 의미합니다. 클릭률은 문 앞까지 데려다주는 힘일 뿐이고 그 문을 열고 안으로 들어오게 만드는 건 그 이후의 마케팅, 즉 홈페이지의 콘텐츠, 디자인, 흐름, 설득 구조입니다.

특히 홈페이지의 디자인과 상태는 광고의 연장선으로 인식됩니다. 광고가 트렌디하고 젊은 감성인데 홈페이지가 10년 전 PC 버전 그대로라면 방문자는 '여긴 믿을 수 없는 곳 같다'고 느끼게 됩니다. 그 찰나의 불편함이 구매를 가로막는 장벽이 됩니다.

따라서 매출이 나지 않는 이유를 클릭률만으로 분석해서는 안 됩니다. 클릭률은 광고의 성과가 아니라 관심의 지표일 뿐입니다. 진짜 성과는 클릭 이후 페이지에서의 경험, 설득력, 디자인, 신뢰 요소, 편의성까지 연결되어야 비로소 매출이 발생합니다.

광고 비활성화를 극복하는 비법 = '은유'

'은유'는 더 이상 문학적인 기교만이 아닙니다. 특히 도달 광고, 그중에서도 타깃 광고 영역에서는 은유가 실질적인 전략이자 생존 기술로 작용합니다. 여러분도 경험해 보셨을 것입니다. 광고를 만들고 시스템에 업로드하여 검수를 올렸는데, 금지된 표현을 사용한 것도 아닌데 광고가 '비활성화'되거나 계정에 경고가 누적되어 더 이상 광고를 운영할 수 없게 되는 상황 말입니다.

  이런 일이 반복되면 결국 광고 자체를 포기하거나 플랫폼에서의 활동이 중단되는 리스크를 안게 됩니다. 그렇다면 왜 이런 일이 벌어질까요? 최근 광고 플랫폼들은 광고 소재의 심사를 대부분 AI로 처리하고 있습니다. 과거에는 사람이 직접 광고를 보고 판단했다면 이제는 이미지 분석, 키워드 매칭, 문맥 판별 등을 AI가 자동으로 처리합니다.

  우리가 파고들어야 하는 것은 이 AI가 아직까지 '은유'나 '비유' 같은 문학적 표현을 인간처럼 유연하게 이해하지 못한다는 데 있습니다. 과도하게 직설적이거나 자극적인 문구와 이미지는 AI의 기준에서 금지 요소로 분류되기 쉽습니다. 심지어 과거에는 살

구색 원피스를 입은 여성 모델이 노출로 오인되어 광고가 중단되는 일도 있었습니다. 피부색과 의상 색이 유사하다는 이유였습니다.

지금은 기술이 많이 개선되어 그런 AI의 오인은 줄었지만 여전히 직설적이고 노골적인 표현에 민감한 것은 사실입니다. 이런 이유로 오늘날 광고에서 은유는 단지 멋스러운 표현이 아니라, 플랫폼 규제를 우회하면서도 고급스럽고 정서적인 인상을 줄 수 있는 전략적 장치로 활용되고 있습니다.

예를 들어 가슴 확대 수술 광고에서 과거에는 글래머 모델의 직설적인 이미지가 쓰였지만 저는 풍선을 부러운 눈길로 바라보는 여성으로 광고하였습니다. 풍선은 '풍만함'을 상징하는 메타포입니다. 이 이미지는 가슴 확대 수술을 직접 언급하지 않아도 충분히 메시지를 전달하고 동시에 광고 비활성화 리스크도 낮춥니다.

남성 비뇨기과 광고도 마찬가지입니다. 상의를 탈의한 근육질 남성 모델 대신 '자신감'이라는 단어를 활용하거나 정장을 입고 당당한 표정을 짓고 있는 남성의 이미지를 통해 메시지를 전달합니다. 다이어트 광고 역시 더 이상 '고도비만 전후 비교 사진'을 사용하지 않습니다. 그 대신 '입고 싶은 옷을 입을 수 있다'는 표현으로 변화된 삶을 상상하게 하는 방식으로 구성됩니다.

이러한 은유적 표현은 광고 플랫폼의 심사를 무난히 통과할 뿐만 아니라 소비자에게도 세련된 인상을 줍니다. 직접적으로 말하지 않아도 오히려 더 깊은 메시지를 전달할 수 있죠. 표현을 감추되, 의미를 더 강화하는 방식입니다.

결국 광고 기획은 플랫폼의 규정을 '어떻게 피할 것인가'보다,

'어떻게 이해받을 것인가'를 고민하는 것입니다. 광고의 규제를 우회하는 것이 아니라 그 안에서도 전략적으로 메시지를 전하는 역량이 필요합니다. 은유는 이 시대 타깃 광고의 언어입니다. 표현의 여지를 넓히면서도 규제를 피할 수 있는 실질적인 도구이며, 감성적 공감을 끌어내는 강력한 방법이기도 합니다.

댓글 관리를 광고 전략에 포함해야 하는 이유

타깃 광고를 처음으로 집행해 보면 일반적인 콘텐츠 운영과는 전혀 다른 반응을 경험하게 됩니다. 광고가 시작되면 사람들의 반응이 생각보다 훨씬 빠르고 직접적입니다. 광고를 하지 않을 때는 그냥 무심히 지나가던 사람들이 광고로 노출되는 순간부터는 댓글을 달고 '싫어요'를 표시하며, '이 광고 다시는 안 보기' 버튼까지 누르며 보다 능동적이고 상호작용적 반응을 보이게 됩니다. 특히 불특정 다수가 광고를 접하는 상황에서는 광고에 대한 반감이나 편견이 댓글이라는 형태로 쉽게 표출되기도 합니다.

  하지만 많은 광고주들은 이런 반응을 놓치거나 관리하지 못하는데, 그 이유는 광고 계정을 '홍보 채널'처럼 정성적으로 운영하지 않기 때문입니다. 인스타그램 공식 계정이나 유튜브 채널처럼 운영 목적이 분명한 공간은 보통 전담 인력이 있어 댓글에 답변을 달고 상호소통을 유지하며 반응을 관리합니다. 그러나 광고 계정은 대부분 통계 수치를 관리하는 영역으로 인식되다 보니 CPC(클릭당 비용), CTR(클릭률), 노출 수, 전환 수 같은 숫자 지표만 모니터링하는 구조로 운영됩니다.

  광고는 자연 도달보다 훨씬 많은 사람에게 노출되고, 그만큼 극단적인 반응도 더 많이 발생합니다. 문제는 광고 담당팀에서는 이런 악성 댓글이 있다는 사실조차 파악하지 못하는 경우가 많다는 점입니다. 광고 성과를 관리하는 팀은 '숫자' 위주의 성과를 관리하느라 실제 댓글 창에서 벌어지는 분위기를 놓치고 있는 경우가 흔합니다. 그래서 대기업의 광고에서도 수십만 번 노출된 영상 하단에 방치된 악성 댓글이 그대로 남아 있는 장면을 심심찮게 보게 됩니다.

  이런 경우에는 적절한 대응이 필요합니다. 우선적으로 '숨김 처리' 기능을 활용하여 불필요하게 부정적인 인상을 주는 댓글을 비노출 처리하고 타당한 질문에는 빠르게 대응하거나 안내를 남기는 방식으로 운영되어야 합니다.

여론에 따른 도달 광고 전략

여론이 좋을 때와 좋지 않을 때 도달 광고는 같은 방식으로 운영되어야 할까요? 검색 광고와 도달 광고의 본질적인 차이에서 검토해 보시기 바랍니다. 검색 광고는 사용자가 특정 키워드를 능동적으로 검색하는 과정에서 노출되는 반면, 도달 광고는 사용자가 의도하지 않아도 노출되는 방식입니다.

  그렇기 때문에 도달 광고는 브랜드에 대한 사회적 분위기와 여론에 훨씬 더 민감하게 반응하게 됩니다. 여론이 좋은 상황에서 도달 광고는 브랜드의 호감도를 빠르게 확산시키는 데 강력한 도구가 됩니다. 자연스럽게 긍정적인 댓글과 공유가 따라붙으며 광고 그 자체가 일종의 '여론 증폭기' 역할을 하게 됩니다.

중장년층 사이에서 화제가 된 셀프 염색 샴푸의 예를 들어보겠습니다. 이 브랜드는 '따로 염색하지 말고, 샴푸만 하라'라는 새로운 개념의 메시지를 중심으로 도달 광고를 집행했는데, 광고가 노출되자 40대 이상의 소비자들 사이에서 실제 사용 후기가 자발적으로 댓글에 달리기 시작했습니다. '나는 이렇게 머리색이 변했다'는 소비자들의 셀프 후기가 뉴스피드에 누적되면서 광고 결과가 일종의 유행처럼 작동한 것입니다. 광고 예산은 한정적이었지만 좋은 여론 덕분에 광고 콘텐츠가 확산하며 브랜드의 신뢰도와 구매율도 함께 올라갔습니다.

또 다른 긍정 사례로는 해외 진출한 한국 스포츠 선수의 하이라이트 영상을 도달 광고 형태로 노출시킨 채널입니다. 한국 내 야구나 축구 팬층을 정확히 겨냥해 타깃 설정된 이 광고는 선수 개인의 활약상에 대한 자부심과 국가적 응원이 결합하면서 자연스럽게 긍정적인 댓글과 '좋아요', 공유로 이어졌습니다. 광고 콘텐츠는 일종의 응원 공간으로 기능하면서 호감도도 상승시켰습니다. 이러한 콘텐츠는 광고비 이상의 확산 효과를 낳으며, 결과적으로 해외 스포츠 브랜드와 팬 사이의 정서적 연결까지 형성하게 되었습니다.

반면, 여론이 좋지 않을 때 도달 광고를 강행하게 되면 브랜드는 소비자와의 접점을 확장하는 것이 아니라 비판을 확산시키는 통로를 스스로 열어주는 경우가 된 결과도 많았습니다. 특히 도달 광고는 댓글을 중심으로 사용자와의 상호작용이 활발하게 이루어지기 때문에 부정적인 정서가 실시간으로 광고 콘텐츠에 달라붙고 공유되며 확산합니다.

실제로 몇몇 자동차 브랜드가 품질 이슈나 사회적 논란이 있었던 시기에 도달 광고를 강행한 바 있습니다. 그 결과 광고 콘텐츠에는 수많은 비판 댓글이 달렸고 광고가 일종의 '비난 창구'로 전락하며 브랜드 이미지에 큰 타격을 입었습니다. 이미 모든 것을 준비한 광고 에이전시는 그들의 입장도 있기 때문에 준비한 광고를 집행할 것을 고객사에 권장할 수도 있습니다.

이처럼 여론이 불리한 시기에는 도달 광고를 일시 중단하거나, 최소한의 커뮤니케이션만 진행하는 것이 좋습니다. 무엇을 해도 욕을 먹는 시기가 있습니다. 그때는 도달 광고는 잠시 멈추는 것이 좋습니다. 광고를 멈춘다는 것이 모든 마케팅 활동을 멈추는 것을 의미하지는 않습니다. 검색 광고나 콘텐츠 광고처럼 상대적으로 반응성이 낮고 통제할 수 있는 채널은 유지하되, 도달 광고처럼 대중 접점이 넓고 반응이 격렬하게 오가는 채널은 상황이 정리될 때까지 보류하는 것이 전략적으로 옳은 선택입니다.

도달 광고는 단순히 노출을 늘리는 도구가 아니라 브랜드에 대한 사회적 감정과 여론을 정면으로 마주하는 공간입니다. 여론을 무시하고 기술적으로만 광고를 집행한다면 좋은 성과는 기대하기 어렵습니다. 광고의 방향은 분위기가 결정하는 경우도 있다는 사실을 기억해야 합니다.

최근 도달 광고에 AI를 결합하여 때로는 소비자를 기망하고 오해하게 만드는 도구로 사용되는 경우도 있습니다. 특히 건강기능식품, 다이어트 보조제, 코인, 주식 투자 프로그램 등 일부 업종에서 이를 악용하는 사례가 적지 않습니다. 예를 들어, AI를 이용하여 국내외 유명인의 이미지와 문구를 활용해 마치 특정 인물이 해당 제품을 추천하는 듯한 인상을 주는 광고들이 소셜 미디어에 무차별적으로 노출되는 일이 있습니다.

실제로는 해당 유명인이 광고에 동의한 적도 없지만 도달 광고의 특성상 콘텐츠가 빠르게 확산하며 소비자에게 잘못된 인식을 심어주게 됩니다. 비난을 받더라도 계속 광고 계정을 파서 활동하는 업체들입니다. 상당히 달콤한 유혹이지만 이런 광고는 오래 가지 못하며 오히려 브랜드에 심각한 타격을 줄 수 있다는 사실을 항상 유념하셔야 합니다. 신뢰는 쌓는 데 오래 걸리지만 무너지는 데는 단 한 번의 광고로도 충분합니다.

여행용 샤워기는 어떻게 여행 필수품으로 자리 잡았나?

소비자들은 단순히 필요에 의해서만 물건을 구입하지 않습니다. 감정과 유행 역시 구매를 이끄는 중요한 요인입니다. 특히 도달 광고는 이러한 소비의 심리적 동기를 자극하는 데 있어 매우 중요한 역할을 하고 있습니다.

원래 여행용 샤워기는 일부 소비자들 사이에서만 사용되던 소규모 시장의 제품이었습니다. 그러나 코로나 이후 여행 중 수돗물에 대한 불안감이나 피부 트러블에 대한 우려가 급격히 커졌습니다. 이러한 흐름은 곧 제품에 대한 자연스러운 수요 증가로 이어졌고 그 지점을 간파한 브랜드들은 곧바로 도달 광고 전략을 활용하기 시작했습니다.

  도달 광고는 이 제품이 해결하고자 하는 소비자의 불안, 즉 '깨끗하지 않은 수돗물로 인한 피부 문제'라는 명확한 감정의 접점을 중심으로 구성되었습니다. 단순히 '물 필터가 있다'는 기능 소개를 넘어, '해외여행 중에 하루 만에 필터가 갈색으로 변했다'는 실증적 사례를 시각화한 콘텐츠는 감정적 반응을 유도하였고, 광고를 본 이들에게 '나도 챙겨야겠다'는 심리적 동기를 자연스럽게 부여하였습니다. 이렇게 도달 광고는 그저 보여주는 데 그치지 않고 실제 구매 전환으로 이어지는 감정의 자극 장치로서 작용하였습니다.

  특히 이 제품의 급속한 대중화에는 도달 광고와 함께 인플루언서 마케팅을 포트폴리오로 구성한 것이 결정적이었습니다. 유튜브, 인스타그램, 쇼츠 등을 통해 인플루언서와 유튜버가 직접 사용하는 모습을 보여주며 '여행 필수 아이템'이라는 포지셔닝을 구축하였고 이는 단순한 광고가 아니라 신뢰할 수 있는 후기처럼 소비자들에게 받아들여졌습니다. 심지어 '없으면 불안하다'는 표현이 생겨날 만큼 이 제품은 이제 여행의 당연한 필수품 중 하나로 자리 잡게 되었습니다.

  네이버 등 주요 검색 포털에서 '여행용 샤워기'라는 키워드의 검색량은 2023년 5월부터 2024년 4월 사이 약 55% 증가했으며, 특히 2024년 5월의 여행 성수기에는 검색량이 초기 대비 3배 이상 급증한 것으로 나타났습니다. 이는 코로나 이후 억눌렸던 해외여행 수요가 회복될 때 적시에 집행된 도달 광고의 영향이 크다고 추정합니다. 이와 함께 여행 중 개인위생에 대한 관심이 높아지면서 휴대용 위생 제품에 대한 검색과 구매 또한 동반 상승한 것입니다.

이 가운데 A라는 브랜드가 출시한 여행용 필터 샤워기는 도달 광고와 인플루언서의 콘텐츠 확산을 전략적으로 결합하여 시장을 빠르게 선점한 대표적 성공 모델입니다. 이 제품은 2022년 8월 국내 최초로 휴대용 필터 샤워기를 출시하였고 불과 4개월 만에 1만 개 판매를 돌파했습니다. 이후 입소문과 도달 광고의 선순환 구조가 본격화되면서 2023년에는 누적 20만 개, 2024년 초까지는 총 50만 개 이상의 판매고를 올리며 카테고리 1위로 등극했습니다. 이처럼 1년 만에 매출이 10배 이상 성장했습니다.

도달 광고의 역할은 이 제품이 해결하는 문제를 구체적이고 감정적으로 설명하는 데 집중되었습니다. '하루만 사용해도 필터가 갈색으로 변했다'는 메시지는 단순한 정보가 아니라 해외여행 시 수돗물의 불안함이라는 감정적 공감을 끌어내는 도구로 기능했습니다. 광고의 시각적 자료는 소비자에게 즉각적인 위생 불안을 환기시켰고 실제로 광고를 본 고객들이 해당 제품을 바로 검색하고 구매로 이어지는 높은 전환율을 기록한 것으로 나타났습니다.

여기에 연예인과 유튜버 등의 인플루언서가 등장하면서 파급력은 더욱 커졌습니다. 배우 겸 가수는 본인의 유튜브에서 해당 제품을 '동남아 여행의 필수품'이라고 언급하며 '필터 30개를 챙겼다'고 이야기했고, 모 가수의 브이로그에서는 150만 회가 넘는 시청 수와 함께 제품에 대한 신뢰가 형성되었습니다. 이후 다양한 크리에이터들이 사용 후기를 쇼츠로 공유하면서 160만 회 이상의 조회수를 기록했고 이는 도달 광고를 통한 일차적 인지 이후, 실제 사용 경험을 통해 확신을 주는 2차 접점으로 작용했습니다.

여기서 주목해야 할 부분은 이 제품이 단순히 기능적 장점만으로 성공한 것이 아니라는 점입니다. 도달 광고는 소비자의 '불안'을 명확히 겨냥했고, 인플루언서는 그 불안을 '필수품'으로 전환시켜 주었습니다. 결국 도달 광고는 제품에 대한 인지도를 넘어서, '반드시 필요한 이유'를 만들어주는 전략적 도구가 되었고 이는 구매로 이어지는 여정을 촉진하는 데 중요한 역할을 했습니다.

여행용 샤워기의 사례는 여러분께서 도달 광고를 기획할 때, 감정이 형성되는 지점을 포착하고 그것을 어떻게 '뉴노멀'로 만들 수 있는지가 중요하다는 것을 보여줍니다. 도달 광고를 정보의 전달이 아니라 소비자의 일상에 새로운 기준을 제시하는 설득의 기술로 생각해 보시기 바랍니다. 지금 여러분의 제품과 서비스에 이것을 적용해 볼 구상이 떠오르시나요?

단일 이미지, 멀티 이미지, 영상 광고, 어떤 상황에 무엇을 써야 할까?

타깃 광고에서 단일 이미지, 멀티 이미지(캐러셀), 짧은 영상(숏폼), 긴 영상은 각각의 형식마다 장단점과 활용 상황이 다릅니다. 어떤 상황에서 어떤 형식을 선택해야 할지는 광고 목적, 제품 특성, 타깃 고객의 관심도에 따라 달라집니다. 각각의 예를 들어보겠습니다.

단일 이미지 광고는 단순하고 직관적인 메시지를 빠르게 전달할 때 적합합니다. 예를 들어 주름 개선 기능성 크림 하나를 출시하면서, '주름, 2주 만에 매끈해 지다'와 같은 강렬한 문구와 제품 이미지를 함께 배치한 이미지를 사용하면 매우 효과적입니다. 할인 이벤트, 출시 기념 프로모션, 첫 구매 혜택 등 즉각적인 행동을 유도하는 메시지를 담기에 적합하며 고객이 스크롤 속도가 빠르고 복잡한 정보를 꺼리는 상황에서 더욱 잘 반응합니다. 단일하고 강한 메시지로 즉시 전환을 바랄 때 쓰면 유리합니다.

멀티 이미지 광고는 여러 개의 이미지를 슬라이드 형식으로 넘겨보게 할 수 있어, 하나의 제품을 다양한 각도에서 설명하거나 여러 제품을 동시에 보여주는 데 효과적입니다. 예를 들어 안티에이징 세럼 광고라면 첫 장에서는 '모델 사진', 두 번째 장에서는 '주요 성분 설명', 세 번째 장에서는 '피부 흡수 장면 이미지', 네 번째 장에서는 '사용 방법', 마지막 장에서는 '정가와 이벤트가, 구매하기 버튼 안내' 식으로 구성하면 소비자가 정보에 따라 자연스럽게 이동하면서 구매를 고려하게 됩니다. 제품에 대한 정보를 단계적으로 제시하거나 여러 제품을 한 번에 보여주고 싶을 때 특히 유리합니다. 브랜딩에 유리합니다.

짧은 영상 광고는 릴스, 쇼츠, 틱톡처럼 10~15초 내외의 콘텐츠로, 시선을 빠르게 끌고 감정적인 반응을 유도하거나 제품 기능을 압축적으로 보여줄 때 유용합니다. 예를 들어, 톤 업 선크림을 모델이 얼굴에 한쪽만 발라보는 장면을 5초 안에 보여주고, 나머지 5초 동안 '빛나는 하루의 시작'이라는 자막과 함께 햇살 아래 피부가 자연스럽게 톤 업되는 모습을 보여주는 구성이라면, 소비자는 소리 없이도 바로 이해할 수 있습니다. 이처럼 젊은 소비자층이 많은 제품이나 눈에 띄는 시각적 변화가 강한 제품에는 짧은 영상이 탁월합니다. 짧은 영상 광고는 단일 이미지 광고처럼 즉시 전환을 원할 때도 사용할 수 있습니다.

긴 영상 광고는 브랜디드 콘텐츠나 유튜브형 영상으로, 몰입도 있는 설명과 신뢰 기반 설득을 목적으로 할 때 적합합니다. 대표적인 상황은 고객의 실제 사용 후기를 인터뷰 형식으로 보여주거나 브랜드의 철학과 과학적인 근거를 담아 스토리텔링 형식으로 풀어내는 경우입니다.

예를 들어 미백 앰플을 주제로 '잡티가 사라지기까지 4주간의 피부 변화'라는 제목 아래, 고객의 실제 변화 과정, 사용 방법, 제품에 대한 전문가 설명, 그리고 브랜드가 추구하는 피부 솔루션 철학 등을 담으면 특히 고객층의 신뢰를 얻는 데 효과적입니다. 단순한 제품 소개를 넘어서 브랜드 전체를 기억하게 만들 수 있는 기회가 됩니다. 국내에서 긴 영상 광고를 본 고객들은 다시 네이버로 넘어가서 추가적인 검색 활동을 이어가는 경우가 많습니다.

여러분의 주장은 새롭고, 발견되어야 한다

제품이나 서비스가 완전히 새로운 발명이 아니어도 괜찮습니다. 중요한 것은 그것을 설명하는 마케팅 메시지가 새롭고 차별화되어야 한다는 점입니다. 그래야 가치를 인정받고 잠재 고객에게 발견될 수 있습니다.

고객에게 발견되는 것, 이것이 바로 도달 광고를 해야 하는 이유입니다. 소비자들은 하루에도 수많은 광고에 노출됩니다. 스마트폰을 켜는 순간부터 잠들기 전까지 우리는 끊임없이 브랜드의 메시지를 보고 듣고 스칩니다. 하지만 정작 기억에 남는 제품과 서비스는 얼마나 될까요? 제품이 아무리 좋아도, 서비스가 아무리 정교해도, 그 제품이 어떻게 다르다는 주장이 진부하고 낡았다면 고객의 기억에는 남지 않습니다. 광고는 고객의 눈과 귀와 뇌에 '발견'되어야 비로소 도달한 것입니다.

중요한 사실은 여러분의 제품이 완전히 새로운 혁신이 아닐지라도 그것을 설명하는 말, 즉 마케팅적 주장은 새로울 수 있다는 점입니다. 흔한 화장품, 흔한 다이어트 프로그램, 흔한 병원 시술조차도 그것을 설명하는 포인트가 다르고 새롭다면 고객은 귀를 기울입니다. 동일한 기능과 동일한 결과라도 그것을 다르게 풀어가는 순간, 사람들은 멈춰 서고 그 메시지를 '발견'하게 됩니다.

발견은 감정적 반응을 동반합니다. '이건 처음 듣는 얘기인데?', '이건 뭔가 다른 것 같네' 이 작은 반응이 광고 성과의 시작점입니다. 발견은 주목으로 이어지고 주목은 이해로, 이해는 신뢰로, 신뢰는 행동으로 이어집니다. 우리는 광고에서 이 사슬을 만들기 위해 수많은 전략을 고민합니다. 그런데 그 첫 번째 고리는 되도록 '가격이 싸다' 보다 '새로운 주장'이 유리합니다.

도달 광고는 이런 새로운 주장을 더 많은 사람에게 빠르게 알릴 수 있는 가장 강력한 도구입니다. 기존의 팔로워나 구독자 기반에만 의존하는 방식은 이미 알고 있는 사람에게 또 한 번 말하는 것에 그칠 수 있습니다. 기존 팔로워나 구독자에게 동일한 주장을 반복하면 성과는 떨어질 수밖에 없습니다. 반면 도달 광고는 여러분의 브랜드를 처음 보는 사람, 기존에 접점이 없던 사람에게 새로운 주장을 말할 기회를 줍니다.

이제 중요한 것은 무엇을 말할 것인가입니다. 전하고자 하는 기능, 효과, 혜택은 시장에 이미 넘쳐납니다. 이제는 그것을 어떤 시선으로, 어떤 비유와 질문으로 풀어내는지가 관건입니다. 그 방식이 새롭다면 그것은 고객에게 새로운 인지로 발견됩니다. 그리고 인지된 메시지는 고객이 머릿속에서 해석을 시작합니다.

여러분의 제품이 혁신적인 발명이 아니어도 괜찮습니다. 그리고 그 발견은 광고의 가장 근원적인 힘이 되어 여러분의 브랜드를 성장시킬 것입니다. 그렇기에 지금, 여러분이 도달 방식의 광고를 해야 합니다. 새롭게 말하고 널리 도달시키는 것이 마케팅의 가장 기본이자 가장 강력한 전략입니다.

설문 형태의 타깃 광고에서는 주관식이 가장 중요하다

광고를 보고 즉시 구매를 유도하는 상품이 아니라, 추가 상담을 목적으로 타깃 광고를 설계할 때 가장 중요하게 고려해야 할 요소는 무엇일까요? 대다수 광고주는 이름, 휴대폰 번호, 이메일과 같은 개인 정보를 중요하게 생각합니다. 하지만 진짜 중요한 것은 따로 있습니다. 바로 설문지 맨 마지막에 배치되는 '궁금한 점'이라는 주관식 항목입니다.

이 주관식 항목은 단순한 관습적인 항목이 아닙니다. 상담을 매출로 이끄는 거의 모든 실마리가 그 안에 담겨 있기 때문입니다. 만약 여러분이 마케팅 담당자이거나 광고를 설계하는 대표라면 설문지를 작성하는 최종 목적은 고객의 전환과 설득입니다. 그러기 위해서는 그 고객과 마주하게 될 최전선의 내부 조직, 즉 상담팀이 상담을 잘할 수 있도록 구조를 짜는 것이 매우 중요합니다.

이러한 업종에서 광고를 설계하기 전에 꼭 해야 할 일 중 하나는 상담팀과의 사전 논의입니다. 어떤 정보가 실제 상담 과정에서 도움이 되는지, 나이나 거주지 외에 상담을 위해 반드시 필요한 포인트는 무엇인지 등을 체크해야 합니다. 특히 상담팀은 경험적으로 주관식 응답의 중요성을 누구보다 잘 알고 있습니다. 왜냐하면 객관식 항목은 고객을 분류하는 데는 유용하지만, '왜 이 사람이 망설이는지', '지금 무엇을 가장 걱정하는지', '어떤 문제를 해결하고 싶어 하는지'는 오직 주관식에서만 확인할 수 있기 때문입니다.

주관식 응답에는 고객의 감정이 드러납니다. 그리고 이 감정이야말로 상담을 통해 전환을 만들어내는 가장 중요한 단서입니다. 예를 들어 누군가는 '가격이 좀 부담되네요'라고 적을 것이고, 또 다른 사람은 '시술 시간이 길면 안 될 것 같아요, 아이를 봐야 해서요'라고 말할 수 있습니다. 이런 응답을 보면 고객이 단순히 '40대 여성, 강남 거주, 피부 고민 있음'이라는 객관적 프로필로는 파악되지 않는 구체적인 상황과 심리 상태, 그리고 가장 큰 구매 장벽이 드러납니다.

이러한 고객의 문장 하나하나가 상담팀에게는 맞춤형 상담 전략을 세울 수 있는 실질적 힌트가 됩니다. 단순히 '정보를 요청합니다'라고만 남긴 응답과, '가을쯤에 시술받고 싶은데, 혹시 행사나 프로모션 있을까요?'라는 응답은 상담의 깊이가 전혀 다를 수밖에 없습니다. 후자의 경우 상담팀은 시기와 가격에 맞춘 커뮤니케이션으로 바로 접근할 수 있는 길을 찾을 수 있습니다.

객관식 항목은 고객을 정렬해 주는 도구이지만 주관식 항목은 고객의 마음을 여는 열쇠입니다. 데이터만을 수집하는 것이 목적이라면 객관식도 충분히 의미가 있습니다. 그러나 진정한 마케팅의 목적, 즉 상담을 통한 전환, 설득, 매출을 원한다면 반드시 주관식 응답을 확보해야 하며 이를 위한 광고 설계는 상담팀의 경험과 현장의 니즈를 반영해서 정교하게 준비해야 합니다.

상담형 타깃 광고의 성패는 '얼마나 많은 연락처를 모았는가?'가 아니라, '그 고객의 마음을 움직일 단서는 확보했는가'에 달려 있습니다. 주관식 응답은 그 단서를 제공하는 유일한 창입니다.

PART. 5

B2B 기업 타깃 광고의 이해와 최적화 전략

B2B 시장의 타깃 마케팅은 B2C와 전혀 다른 언어와 논리로 작동합니다. 구매 결정 과정이 다르고 브랜드 신뢰 형성의 속도도 다르며, 타기팅 방식은 더욱 복잡합니다. 이 PART는 B2B 타깃 광고에 대한 별도의 시선과 전략을 다룹니다. B2B에서는 회사를 타기팅 하는 것이 아니라 그 조직 내의 '사람'을 타기팅 해야 합니다. 링크드인과 같은 글로벌 플랫폼의 활용법부터 B2B 마케팅 조직의 전략, 그리고 박람회와 같은 오프라인의 전통적 B2B 마케팅의 효과와 의미까지 B2B 광고의 성과를 높이기 위한 실전 통찰이 담겨 있습니다. B2B 광고에서 피해야 할 함정과 B2C 대비 접근방식이 어떻게 달라야 하는지를 알려드릴 것입니다.

B2B는 회사가 아니라 사람을 타기팅 해야 한다

B2B 광고에서 흔히 저지르는 가장 큰 실수는 '회사를 타깃 해야 한다'고 생각하는 것입니다. 이는 전통적인 영업 방식에서 비롯된 관성이기도 합니다. 우리의 제품이나 서비스를 구매할 '기업'을 찾는 것이 목적이라고 여겨지기 쉽지만, 실제로 광고가 도달해야 하는 대상은 '회사'가 아니라, 그 안에서 의사결정을 내리는 특

정 직무의 사람입니다.

예를 들어 매출 500억 원 이상의 제조기업을 타깃한다고 했을 때, 우리가 진짜로 찾아야 할 대상은 해당 회사의 구매 부서 직원이거나, 전산실 실무자, CFO 같은 의사결정권자입니다. 결국 B2B 타깃 광고는 B2C처럼 개인의 취향이나 관심사를 기준으로 하는 대신, 직무, 직책, 회사 규모, 산업군, 전공 등의 '직업적 프로필'을 기준으로 삼아야 합니다.

만약 직업을 직접적으로 타깃하기 어렵다면, 그 사람이 어떤 전공을 했는지 혹은 어떤 분야에서 근무하고 있을지를 유추해 간접 타기팅이 가능합니다. 예를 들어, 기계공학을 전공한 사람은 기계 관련 제조업에 종사할 가능성이 높고, 소프트웨어를 전공한 사람은 IT 부서나 전산실에 근무할 확률이 높습니다. 이는 B2C에서 취향을 추론하여 광고 대상을 좁혀가는 방식과 유사합니다.

많은 분들이 간과하는 또 하나의 중요한 요소는 '지역'의 타기팅 가치입니다. B2C에서는 지역을 소득 수준을 추정하는 용도로 활용하는 경우가 많지만, B2B에서는 지역 자체가 산업군의 밀집도나 기업의 특성과 직접적으로 연결되어 있습니다. 국내에는 산업단지들이 지역별로 특화되어 분포되어 있고, 이를 활용한 타깃 광고 전략이 효과를 발휘합니다. 즉 특정 산업단지에는 특정 직무군의 사람들이 많이 모여 있습니다.

예를 들어, 게임 테스트 소프트웨어를 광고하고자 할 때 게임 개발사가 몰려 있는 판교를 타깃 했고, 고열 안전 표시 장비를 판매할 때는 화학 공업단지가 위치한 울산 온산공단을 대상으로 삼았습니다. 인쇄 장비는 파주 출판단지를, 지식산업센터 분양은 남동공단 근처 이주 수요가 있는 대표이사들을 타깃하여 광고 성과를 거둔 경험도 있습니다. 이처럼 B2B 광고에서 '지역'은 단순한 지리적 요소를 넘어 산업과 업종종사자에 대한 정보가 압축된 강력한 타기팅 수단이 됩니다.

코로나19 이후 오프라인 전시회, 박람회 등의 대면 영업 경로가 어려워지면서 B2B 분야에서도 디지털 광고의 수요가 급증하였습니다. 이에 따라 B2B 디지털 타깃 광고의 전략적 중요성이 더욱 커졌습니다. 기업 거래도 결국 담당자의 스마트폰을 겨냥한 광고이며, B2C와 구조적으로 크게 다르지 않습니다. 광고는 언제나 '사람'을 설득하는 일이며, B2B라고 해서 예외일 수 없습니다.

차이가 있다면, B2C는 개인의 소비 성향과 감정 기반으로 타기팅 하고, B2B는 직무 중심의 논리적 프로필 기반으로 타기팅 한다는 점입니다. SaaS 제품을 홍보할 때 일반 소비자가 아닌 IT 담당자나 기획자, 의사결정권자인 부서장 또는 C레벨을 대상으로 해야 하며, 그들의 직함과 역할에 맞는 콘텐츠가 설득력을 갖습니다.

또한 광고 메시지 역시 다르게 설계되어야 합니다. B2C에서는 가격 할인이나 감성적 문구가 주효하지만, B2B에서는 신뢰와 사례 기반의 정보 전달이 중심이 됩니다. 예컨대 '30% 할인'보다는 '국내 50개 기업 도입 완료', '현업 담당자 인터뷰', '납품사례집 다운로드' 같은 메시지가 더 높은 반응을 끌어냅니다.

화장품 원료를 유통하는 기업이라면, 소비자가 아닌 화장품 제조사의 R&D팀이나 상품 기획자가 타깃이며, 이들에게는 인증서나 납품 이력, 안전성 데이터가 중요한 광고 요소입니다. 교육 콘텐츠를 판매하는 기업이라면, 인사팀 교육 담당자가 핵심 타깃이고, 맞춤형 커리큘럼이나 성공 사례 중심의 자료가 설득력을 가질 것입니다.

결국, 기업을 타깃 한다고 해서 '사람'을 잊어선 안 됩니다. B2B 광고의 본질도 B2C 광고와 마찬가지로, 사람을 이해하고 설득하는 일입니다. 그 사람이 누구인지, 어떤 직무를 맡고 있으며 어떤 고민을 가졌는지를 아는 것이 타깃 광고의 시작입니다. B2B에서도 사람 중심의 사고가 필요하며, 바로 그 지점에서 성공적인 광고 전략이 출발합니다.

B2B 타깃 광고에서의 나이의 의미는?

B2B로 판매하고자 하는 제품과 서비스를 구매하는 키맨은 누구인가요? 현업의 실무급인가요? 아니면 임원인가요? B2B 타깃 광고에서 나이의 의미는 B2C 광고에서의 나이와는 전혀 다른 해석을 필요로 합니다. 하지만, 일반적으로 우리는 광고에서 나이를 설정할 때 B2C의 관점에 익숙해 있습니다.

예를 들어 B2C 광고에서 20대는 패션과 자기표현, 30대는 결혼과 육아, 40대는 건강과 자산관리처럼 생애주기와 개인 삶의 변화에 맞춰 타깃을 정의하곤 합니다. 그리고 자연스럽게 '나이가 많을수록 구매력도 높다'는 가정을 하며 광고 타깃을 구성하게 됩니다.

하지만 B2B 타깃 광고에서의 나이는 개인의 라이프사이클이 아니라 '조직 내 역할과 직함'을 추론하는 단서로 작동합니다. 즉, 그 조직 안에서 어떤 위치에 있을 가능성이 높은지, 의사결정자인지를 추정하기 위한 지표로 쓰이는 것입니다. 나이가 많으면, 의사결정자일 가능성이 나이가 적은 경우보다 높습니다. 이 점이 B2C와 결정적으로 다릅니다.

예를 들어 여러분이 월 결제금액이 3~4만원의 저가의 IT 솔루션을 판매하고자 할 때 그 제품을 직접 사용하는 대상은 누구일까요? 이 경우 주요 타깃은 20~30대 실무진입니다. 이들은 현장에서 직접 업무를 처리하는 담당자들로, 새로운 기술과 제품에 대한 관심이 높습니다. 특히 비교적 저렴한 소프트웨어나 서비스의 경우 별도의 승인 절차 없이 현장에서 바로 구매를 결정할 수 있는 권한을 가지고 있어, 우리가 집중해야 할 핵심 고객층이라고 할 수 있습니다. 이때 광고는 기능 중심, 효율 개선, 사용 편의성, 가격 경쟁력에 초점을 맞추는 것이 효과적입니다.

반면, 같은 IT 업종이라 하더라도 보안 시스템의 전면 교체, 차세대 ERP 도입, 디지털 전환 전략 수립 같은 큰 규모의 프로젝트는 단순한 실무자가 결정할 수 없습니다. 이런 사업은 보통 40~50대의 중간 관리자급 이상, CIO, CFO 또는 사업부장이 판단합니다. 이들에게는 '조직의 안정성 확보', '장기적 ROI', '타사 도입 사례와 신뢰성' 등이 훨씬 중요한 메시지입니다. 광고의 소재와 어조도 훨씬 전략적이고 책임 있는 언어로 바뀌어야 합니다.

또 하나의 예시를 들어볼까요? 인쇄 용품, 사무기기, 복사용지 같은 단가가 낮은 상품은 구매 담당자나 일반 실무자, 즉 상대적으로 연령이 낮은 층이 결정을 내리는 경우가 많습니다. 반면, 회사의 교육 시스템을 바꾸거나 ESG 관련 리포팅 솔루션을 도입하는 등 전략적인 결정이 필요한 서비스는 경력이 많고 나이가 많은 관리자급을 타깃으로 해야 합니다.

즉, B2B 광고에서 나이는 '개인의 연령'이 아니라 '조직 내 역할을 추론하는 포인트입니다. 나이는 절대적인 기준이 아니지만, 광고 타깃을 설정할 때 그 사람이 어떤 결정권을 가졌는지를 판단하는 실마리로서 매우 유용하게 활용될 수 있습니다.

B2B 타깃 광고에서의 개인화의 의미는?

B2B 타깃 광고에서의 개인화의 의미는 B2C에서의 개인화와는 접근 방식이 다릅니다. 그러나 그 본질은 같습니다. 광고를 본 누군가가 '어, 이건 내 얘기잖아?'라고 느끼며 광고에 클릭하는 순간, 그 광고는 개인화에 성공한 것입니다. B2C가 가격과 취향을 개인화의 무기로 삼는다면, B2B는 그 담당자의 상황, 업무, 고민을 정확히 겨냥한 메시지가 전달될 때 단순한 정보 전달을 넘어 담당자의 공감과 반응을 끌어낼 수 있습니다.

B2C 광고에서 개인화는 주로 고객을 세분화(세그멘테이션)해서 맞춤형 메시지를 전달하는 방식으로 이루어집니다. 연령대별로 살펴보면, 20대에게는 경차 광고를 노출하고 40~50대에게는 중형차 광고를 보여줍니다. 노년층에게는 임플란트나 관절염 치료제 같은 건강 관련 제품을 타기팅 합니다.

대출 상품의 경우 더욱 세밀한 개인화가 적용됩니다. 학생에게는 학자금 대출을, 자영업자에게는 사업자 대출을 추천하며, 여성 고객에게는 여성 전용 우대금리 혜택을 강조하는 식입니다.

화장품이나 식품 같은 일반 소비재에서는 가격을 중심으로 한 개인화 전략이 주를 이룹니다. 모든 소비자가 가격에 민감하다는 점을 활용해 할인, 특가, 한정 판매 같은 요소들을 내세워 구매 욕구를 자극하는 것이 대표적인 개인화 방법입니다.

하지만 B2B 시장에서는 이야기가 달라집니다. B2B 타깃 고객은 단지 '소비자'가 아니라 조직 안에서 역할과 책임을 지닌 의사결정자 또는 실무자입니다. 이들은 단순히 싸다고 구매하지 않습니다. 가격을 낮게 강조하면 오히려 품질에 대한 신뢰를 잃을 수도 있습니다. 기업용 가구는 견고함과 업무 공간의 창의성을 강조하며, 기업용 보안 솔루션은 데이터 유출 방지, 인증 기준 준수, 정부 기관 도입 사례와 같은 신뢰 기반 요소를 내세웁니다.

즉, B2B에서의 개인화는 가격보다는 업무 효율과 생산성, 안정성 등의 맥락에서 설득을 중심으로 이뤄져야 합니다. 한 예로, 인사팀장이 보는 광고라면 '300개 기업에서 사용 중인 교육 관리 시스템'이라는 문구가, 구매 부서 담당자에게는 '10개 공급사 통합 발주 시스템'이라는 메시지가 훨씬 더 강력한 개인화 요소로 작용할 수 있습니다. 이처럼 B2B의 개인화는 직무, 부서, 조직 내 책임에 맞는 언어와 메시지를 설계하는 것이 핵심입니다.

그리고 가장 중요한 포인트는 B2B 시장에서는 광고에 반응하는 사람의 심리와 입장을 정확히 꿰뚫어야 한다는 점입니다. B2B 고객은 어떤 제품이나 서비스를 도입할 때 단순히 효율만을 따지지 않습니다. 그 제품을 선택했을 때 문제가 생기면 본인이 책임을 져야 하고 반대로 성과가 좋으면 자신의 업무가 돋보이게 됩니다. 이 점을 잘 활용해야 합니다. '실수 없는 선택이었다', '내가 도입한 솔루션 덕분에 팀의 성과가 올라갔다'는 이야기를 듣게 될 수 있는 메시지가 바로 B2B 광고에서의 진정한 업무 담당자를 위한 개인화 전략입니다.

광고주인 여러분도 스스로를 돌아보면 공감하실 겁니다. 회사에서 필요한 서비스를 도입할 때 단지 가격만 보고 결정하지 않으셨을 겁니다. 누구의 추천인지, 신뢰할 만한 기업인지, 실사용자의 평가가 어떠한지, 도입 후 문제가 생기지 않을지 등 복합적인 요소를 고려했을 것입니다. 따라서 B2B 타깃 광고에서는 단순히 연령이나 성별 같은 1차원적인 정보가 아닌, 담당자의 업무 맥락과 책임, 기대효과를 중심으로 메시지를 설계해야 합니다.

B2C가 안되니 B2B를 하겠다??

어떤 아이템에서 있어서 B2B도 잘되고 B2C도 잘되려면 우선 B2C에서 판매가 잘 돼야 합니다. B2C에서 아무런 판매나 움직임이 없는 아이템을 단순히 대량 판매 목적으로 B2B 시장에 내놓는다면 대부분 좋은 결과를 기대하기 어렵습니다.

제가 소기업 컨설팅을 해보면, 실제로 이러한 판로 확장의 목적으로 컨설팅 받기를 원하는 경우가 많이 있습니다. 우연히 1건의 B2B의 매출이 나왔고 이것이 B2C 매출보다 크기 때문에 욕심이 나서 이러한 접근을 하는 경우가 많습니다. 그러나 1건 정도의 거래만으로는 제품의 판매 패턴을 예측해 내기는 쉽지 않습니다.

　B2C 경험 없이 바로 B2B 타깃 광고로 성과를 내기가 어려운 이유는 무엇일까요? 단순합니다. B2B는 B2C보다 더 냉정하기 때문입니다. B2C 소비자는 감정, 가격, 취향에 따라 구매 결정을 내리지만 기업의 구매자는 효율과 숫자와 예상 결과로 판단합니다.

　B2C 소비자는 일부라도 충동적으로 지갑을 열 수 있지만 기업의 경우는 그렇지 않습니다. 이 상품이 '우리 고객에게 팔릴 수 있는가?', '재고로 남지 않을 확률이 얼마나 되는가?', '이 제품을 우리가 유통했을 때 우리 브랜드에 도움이 되는가?'라는 질문을 던집니다. 결국 B2C 시장에서 검증이 안 된 상품을 B2B로 시장에 바로 밀어붙이려는 것은 무모한 접근입니다.

　물론 기업 전용 제품이나 서비스라면 얘기가 다릅니다. 하지만 기업이 구매해서 재판매하고 최종적으로는 개인 소비자가 사용하는 제품이라면, B2C에서 먼저 반응이 나와야 합니다. 실제 사례를 보자면, 국내에서 한때 유행했던 기능성 간식 브랜드가 있었습니다. 이 브랜드는 온라인몰과 SNS에서 '직접 먹어본 소비자의 후기'를 중심으로 빠르게 입소문을 탔습니다. 맛, 포장, 효능까지 소비자 중심의 피드백이 쌓이자 자연스럽게 대형 헬스&뷰티 스토어, 편의점 본사와 계약을 쉽게 진행할 수 있었습니다. 여기서 중요한 점은 브랜드가 '이제 B2B를 해야겠다'고 전략을 짠 것이 아니라, B2C에서 검증된 반응이 자연스럽게 B2B 기회를 만들어 냈다는 것입니다.

　반대 사례를 보면 더 명확해집니다. 한 기능성 화장품 제조업체가 있었는데, 제품이 출시된 지 얼마되지 않아 인지도도 낮고 온라인 B2C 판매에서도 반응이 없었습니다. 그러자 이 회사는 '소비자들이 몰라서 못 사는 것'이라고 판단하고 유통업체들을 찾아다니며 B2B 판매를 시도했습니다. 하지만 결과는 참담했습니다. 유통업체 입장에서는 소비자들이 찾지도 않고, 검색하지도 않으며, 구매 후기도 전혀 없는 제품을 진열할 이유가 없었기 때문입니다. B2C에서 반응이 없다는 것은 결국 실제 구매 니즈도, 시장의 긍정적 신호도 없다는 의미였던 것입니다.

B2B로 진출하려는 사업자는 '내가 잘 만든 제품이니까 누군가는 알아주겠지'라는 관점을 버리고, 우선 B2C 시장에서 적은 물량이라도 실제 구매가 발생하고 리뷰가 쌓이고 반복 구매가 있는지를 냉정하게 봐야 합니다. B2B는 이 흐름을 확대 재생산하는 구조여야 하며, 새로운 활로를 B2C보다 먼저 개척하는 구조로 가면 쉽지 않습니다. 바이어는 시장 반응을 가장 정확한 마케팅 지표로 삼기 때문에 B2B 전략을 고민하기 전에 반드시 B2C에서 작동할 수 있는 메시지와 포지셔닝으로 판매가 일어나도록 마케팅이 선행되어야 합니다.

타깃 마케팅의 기본은 '누가 지금 실제로 반응하고 있는가'를 확인하는 데서 시작합니다. B2C에서 반응이 없는 아이템이라면 타깃이 잘못됐든, 메시지가 약하든, 가격이 맞지 않든 무엇인가가 틀렸다는 뜻입니다. 이 상태에서 단지 B2B라는 이름 아래 시장을 바꿔보겠다는 접근은 문제를 해결하는 것이 아니라 장소만 바꾸는 셈입니다. 장소를 바꾸는 것만으로는 전혀 다른 결과가 나오지 않습니다.

B2B 조직에도 마케팅 전담자가 있어야 성과가 나온다

대부분의 B2C 기업에는 마케팅 전담 부서가 있어서 여러 가지 타깃 광고를 테스트하고 검증하여 성과를 내고 있습니다. 반면 B2B 기업이나 B2B 부서의 경우 세일즈 담당자는 있지만 마케팅 담당자가 없는 경우가 많습니다. 세일즈 행사 예산은 확보되어 있어도 마케팅이나 광고 예산은 부족한 상황이 일반적이며, 무엇보다 가장 큰 문제는 지속성의 부재입니다. 이것이 B2B 제품과 서비스를 보유하고 있음에도 마케팅으로 성과를 내지 못하는 기업들의 공통적인 특징입니다.

특히 다국적 기업의 한국 지사의 경우에 B2B 마케팅을 글로벌 본사에서 예산이 나올 때만 하는 경우가 많습니다. 마케팅이 경영 활동의 일부가 아닌 단발성 이벤트로 취급되다 보니, 목표를 10이라고 했을 때 0에서 3까지 올라갔다가 다음 해에 다시 0부터 시작하는 B2B 마케팅 사례를 자주 볼 수 있습니다. 이렇게 되지 않도록 항상 적더라도 예산이 꾸준히 배정되도록 하는 노력이 필요합니다.

이런 B2B 조직에서는 공통으로 '마케팅으로는 성과가 안 난다'는 말이 나옵니다. 하지만 사실 성과가 안 나는 것이 아니라 성과를 낼 수 있는 구조를 만들지 않았기 때문입니다. 특히 의사결정자가 마케팅의 중요성을 인식하지 못하고 단기 실적을 위한 세일즈의 실적 압박에만 집중할 경우, 마케팅은 조직 안에서 뿌리를 내릴 수 없습니다. B2B 마케팅이 단순한 세일즈의 지원 수단이 아니라 B2B에서 기업 브랜딩과 수요 창출의 중심축이 되어야만 지속적 성장이 가능합니다.

  B2B 조직일수록 마케팅은 더 필요합니다. 고객 접점이 적고 세일즈 사이클이 길며, 의사결정 구조가 복잡한 만큼 미리 시장을 설득하고 브랜드 신뢰를 만들어두는 작업이 중요하기 때문입니다. 이를 위해서는 단기 실적에만 매몰되지 않고 마케팅을 조직의 고유 기능으로 체계화하고 전담 인력을 배치하여 지속 가능한 전략을 펼치는 노력이 필요합니다. 그래야만 해마다 반복되는 '제로 베이스' 마케팅에서 벗어나 실제 누적 성과를 만들 수 있습니다.

순서에 의한 접근을 뛰어넘는 B2B 타깃 마케팅

저는 개인적으로 과거에 비하여 경쟁입찰과 조달입찰에 제안하는 비율을 줄이고 있습니다. 현재는 거의 없습니다. 조달입찰이나 경쟁입찰의 경우, 경기가 어려운 요즘에는 20대 1 정도의 치열한 경쟁을 벌이는 경우가 많습니다. 게다가 힘들게 수주에 성공해도 실제 수익은 미미한 경우가 대부분입니다.

  특히 공공시장의 경우 순환보직제도 때문에 소기업 입장에서 브랜드 인지도를 쌓기가 매우 어렵습니다. 반면 민간 B2B 영역에서는 업계 사람들이 같은 분야 내에서 계속 이직하는 특성이 있어, 마케팅을 통해 기업 이미지를 구축하면 상당히 가치 있는 자산이 됩니다. 이는 지속적인 매출 확보로 이어질 수 있습니다.

  기업영업에 있어서 의사결정 라인을 타고 올라가서 계약한다는 것은 수많은 변수와 정치적 상황을 극복해야 계약이 됩니다. 예를 들어 여러분이 대기업과 계약하기 위해서 사원＞ 대리＞ 과장＞ 팀장＞ 본부장＞ 대표 이렇게 결제가 올라가는 방식으로 영업한다면 중간에 이미 본인이 선호하는 업체를 쓰려는 실무자가 다수 있을 것입니다. 직무와 직함, 연령을 결합하여 대표이사에게 바로 타기팅 하여 미팅하고 계약하는 것이 가장 유리합니다.

전통적인 '순서에 충실한 접근'에서 벗어나, 핵심 결정권자에게 곧장 도달하고 시간을 절약하며 성사율을 높이는 전략이야 말로 지금의 B2B 마케팅에서 가장 실용적이고 강력한 방법입니다. 순서에 의한 접근은 시간이 오래 걸릴 뿐 아니라 확률도 낮고 제안서만 계속해서 반복 작성하게 되는 결과로 이어지기 일쑤입니다.

이런 구조 속에서 B2B 타깃 마케팅은 전략적 지름길을 찾는 방식으로 진화하고 있습니다. 핵심은 '결정권자'에게 바로 도달하는 것입니다. 예를 들어 대기업과 거래하고 싶다면 실무자에게 제안하는 것보다 대표이사나 본부장급 이상에게 직접 인지시키는 방식이 훨씬 더 효율적입니다.

직무, 직급, 연령대, 기업 규모 등을 기반으로 한 정교한 타깃 광고는 이런 접근을 가능하게 해줍니다. 링크드인이나 메타기반의 광고 도구를 활용하면 지금 이 순간 결정을 내릴 수 있는 사람을 정확하게 찾아내고 그 사람에게 콘텐츠나 미팅 제안을 직접 전달할 수 있습니다

과거 B2B 전문잡지의 타기팅 영역이 온라인으로 진화

전문잡지의 호황기가 있었습니다. 지금도 업종별 전문잡지는 있습니다. IT는 전자신문과 디지털 타임즈와 같은 일간신문도 있으며, 경제지도 일간이 있습니다. 그리고 월간지로 나가면, 건축, 축산, 의료 등 거의 대부분의 산업군에 전문잡지가 있습니다.

과거에 B2B는 이런 전문잡지를 통하여 광고하는 경우가 많았습니다. 그러나 모바일 환경으로 변화하며 많은 잡지가 사라졌고, 오프라인 잡지는 무료로 배포하는 경우도 많아졌습니다. 그리고 잡지를 통하지 않더라도 B2B에서 타기팅 하여 노출을 할 수 있습니다. 실제로 동일한 예산으로 테스트해보면, 대형 오프라인 업종별 잡지보다 온라인 타깃 광고에서 훨씬 많은 리드를 확보할 수 있습니다.

디지털 매체의 발달과 함께 많은 전문지가 폐간되거나 종이 기반을 포기하고 온라인 뉴스레터나 웹사이트 기반으로 전환했습니다. 전문지에 대한 독자의 집중도와 신뢰도도 예전만큼 유지되지 않게 되었습니다.

물론 예산이 충분하다면 전문지 광고와 박람회, 온라인 채널을 모두 병행해 다층적인 B2B 홍보를 할 수 있을 것입니다. 그러나 대부분의 기업은 예산의 제약이 있기 때문에 선택과 집중이 필요합니다. 과거처럼 '전문지에 한 번 실으면 업계에 알려진다'는 공식은 더 이상 통하지 않습니다. 지금은 타깃이 있는 곳에 정확하게 도달하는 전략이 필요합니다.

여러분이 여전히 전문지를 통한 B2B 마케팅을 고려하고 있다면 그 선택이 현재 시장 상황에서 얼마나 실질적인 전환으로 이어질 수 있는지 재점검해 보시기 바랍니다. 과거의 방식이 익숙할 수는 있지만, 온라인 타깃 광고는 훨씬 더 정밀한 타기팅과 실시간 성과 측정, 그리고 유연한 운영이 가능한 마케팅 방식으로 발전했습니다. 그리고 저의 경험으로 대부분의 경우, 전문지는 독자층의 한계로 2~3번 캠페인을 하고 나면 더 이상 새로운 리드 창출이 되지 않고 반복되는 계층에 노출되는 현상이 일어나는 경우가 많습니다.

B2B 영역에서 박람회의 부스 행사는 아직도 유효한가?

많은 B2B 기업에서 박람회의 부스 행사를 관습적으로 진행하는 경우가 있습니다. 매년 나가도 같은 기업들을 만나고 약간의 명함 교환 그리고 특별히 얻는 소득이 없지만, 박람회에 참가하지 않으면 뭔가 놓치는 것 같아서 불안해합니다.

박람회가 타기팅의 의미로 과거만큼 유효한지 생각해 볼 필요가 있습니다. 특히 관습적으로 박람회에 참가하는 경우에는 재고해 볼 필요가 있습니다. '그래도 나가지 않으면 고객과 다른 기업들이 이상하게 생각할 것 같다'는 이유로 박람회에 참가하기도 합니다. 행사에서 빠지면 시장에서 존재감이 줄어들 것 같고 업계에서 소외되는 느낌을 받을까 걱정하는 것입니다. 하지만 이런 심리적 불안이 박람회 참여의 이유가 되어서는 안 됩니다. 중요한 것은 '보이는 것'이 아니라 실질적인 마케팅 성과입니다.

과거 B2B 마케팅에서 박람회는 고객을 한자리에서 만날 수 있는 유효한 채널이었습니다. 하지만 디지털 마케팅이 정교해지고 타깃 기반 광고와 맞춤형 콘텐츠, 그리고 업계 고객을 관리하는 CRM 시스템이 발달한 지금, 박람회의 효율성은 그에 비해 상당히 낮아졌습니다. 특히 불특정 다수에 노출되고, 명확한 니즈가 없는 부스 방문자들과 단순 인사만 나누는 수준이라면 그 시간과 예산을 다른 채널에 투자하는 것이 더 효과적일 수 있습니다.

오히려 그런 비용으로 링크드인 타깃 광고나 B2B 콘텐츠 마케팅, 혹은 전환 가능성이 높은 고객군을 대상으로 한 소규모 설명회나 웨비나를 운영하는 편이 더 깊이 있는 관계 형성으로 이어질 수 있습니다. 고민해야 할 것은 '박람회를 나갈 것인가 말 것인가'가 아니라 그 박람회가 우리 비즈니스에 어떤 실질적 가치를 주는가입니다. 명확한 타깃 접점과 후속 전략 없이 단순 노출만 하는 관습적인 박람회 부스 운영은 시간과 자원의 낭비가 될 수 있습니다.

해외 B2B 타깃 광고의 핵심 - 링크드인

해외 현지에 B2B 타깃 광고를 하려면 어떻게 해야 할까요? 여러분이 현재 해외지사가 있다면 해외지사에 적절한 광고 에이전시를 섭외하라고 하면 될 것입니다. 그러나 그렇지 않다면 통상적으로 어떻게 해야 할까요?

해외 B2B 마케팅의 경우 크게 중국과 중국을 제외한 국가로 나누어 볼 수 있습니다. 중국을 제외한 대부분의 국가에서 가장 효과적인 B2B 타깃 광고 도구는 링크드인입니다. 링크드인은 영어권에서 이직, 채용, 스카우팅에 널리 사용되는 플랫폼으로, 기업계정이나 개인계정을 통해 바이어를 찾거나 업계 관계자들에게 우리 회사를 홍보할 수 있습니다. 앞서 말씀드린 것처럼 B2B든 B2C든 결국 프로필을 기반으로 사람을 타기팅 한다는 점에서는 동일한 원리입니다.

링크드인은 세계 최대의 비즈니스·전문 소셜 네트워크입니다. 페이스북과 인스타그램이 사람과 사람을 잇는 공간이라면, 링크드인은 전문가와 전문가, 기업과 인재, 그리고 기업과 기업을 연결하는 공간입니다.

2003년에 미국에서 처음 시작되었고 2016년에는 마이크로소프트가 인수하면서 더욱 강력한 비즈니스 플랫폼으로 성장했습니다. 2025년 현재, 링크드인은 전 세계적으로 약 10억 명의 사용자를 보유하고 있으며 대부분은 비즈니스, 기술, 마케팅, 인사, 연구개발 등 다양한 산업의 전문가들입니다.

링크드인의 가장 큰 특징은 '경력 중심'이라는 점입니다. 사용자는 자기 이력서처럼 경력을 등록하고 산업별 전문가들과 네트워크를 만들고 서로의 성과나 인사이트를 공유하며 전문성을 드러낼 수 있습니다. 특히 기업 입장에서는 타깃 고객이 분명한 B2B 환경에서 매우 효과적인 마케팅 채널로 활용됩니다.

B2B 마케팅에서 링크드인이 강력한 이유는 단순히 광고를 노출하는 것에 그치지 않고 바로 '결정권자'들과 직접 연결된다는 점입니다. 예를 들어 특정 산업군의 구매 담당자, 임원, CTO,

CEO 등 의사결정자들을 세밀한 타기팅을 회사명까지 적어서 찾아내고 그들에게 콘텐츠를 노출하거나 직접 메시지를 보내는 것이 가능합니다. 실제로 글로벌 B2B 마케팅 예산의 상당 부분이 링크드인에 배분될 만큼 링크드인은 B2B에 최적화된 플랫폼으로 인정받고 있습니다.

하지만 한국 내에서 링크드인의 영향력은 아직 제한적입니다. 많은 한국인이 링크드인을 사용하는 데 익숙하지 않고, B2B 소셜미디어 플랫폼보다는 일상 중심의 소셜미디어(예: 인스타그램, 네이버 블로그 등)를 더 많이 사용합니다.

저는 2013년도 국내에서 링크드인 관련 도서를 출간한 적이 있었는데, 실제로 국내에서는 HR, 헤드헌팅 쪽에서는 많은 반응이 있었고 B2B 업계에서는 큰 반응이 없었습니다. 저는 그 이유를 링크드인을 사용하기에는 영어권이 더 유리한데 우리가 영어권이 아니라는 점과 이직문화에 대해서 당시에 국내는 아직 평생직장이라는 개념이 현재보다 더 많이 남아 있어서 시기적으로 이르지 않았나 생각합니다.

그럼에도 불구하고 해외 진출을 고려하는 한국 기업이나 글로벌 고객을 타깃으로 하는 B2B 기업에 링크드인은 매우 유리한 플랫폼입니다. 전 세계의 기업 담당자와 연결할 수 있고, 영어 기반 콘텐츠와 전문성을 갖춘 게시물로 신뢰를 쌓을 수 있기 때문입니다. 특히 수출 기업, 다국어 SaaS 서비스, 글로벌 파트너를 찾는 스타트업에는 링크드인이 '디지털 전시회'나 '온라인 무역상담회'와 같은 역할을 해줍니다.

즉, 링크드인은 한국 시장보다는 글로벌 시장에서 더 강력한 힘을 발휘하는 플랫폼입니다. 링크드인을 통해 한국의 제품이나 서비스를 세계의 전문가들과 기업에 효과적으로 알릴 수 있으며, 전문성을 기반으로 한 신뢰 마케팅을 가능하게 해주는 도구로서 앞으로도 B2B 분야에서는 점점 더 중요해질 것입니다.

저는 해외 마케팅에서 링크드인을 가장 많이 사용했지만, 국내 B2B 마케팅에서도 링크드인을 사용해 본 적이 있습니다. 삼성그룹 임직원만을 타깃 광고해달라는 요청이 있었습니다. 사실 국내에서 링크드인을 사용하는 구성원이 가장 많은 기업은 삼성전자와 삼성그룹입니다. 국내에서 가장 영어를 많이 쓰는 대기업 집단이기도 하며 해외 근무를 많이 하기 때문일 것입니다. 삼성전자, 삼성SDS, 신라호텔, 삼성SDI, 에스원 등 실제 삼성 계열사가 모두 타기팅이 되었고 좋은 결과가 있었습니다. 그만큼 삼성그룹은 링크드인의 타깃 모수가 많기 때문일 것입니다.

제가 국내에서 본 링크드인 타깃 광고 중에 인상 깊었던 광고는 제주국제학교에서 신입생 모집 광고를 링크드인으로 한 것이었습니다. 링크드인 사용자들이 외국어에 능하고 다국적기업에 많이 근무하며, 소득수준 타기팅이 가능하기에 제주국제학교와 광고 대행사는 링크드인을 광고 플랫폼으로 선택했을 가능성이 높습니다.

링크드인에 대한 교육을 수강해 보시기 바랍니다. 코트라, 무역협회 등에서도 강좌가 자주 열리고 있습니다.

링크드인에서 영문 프로필 작성이 중요한 이유

링크드인에서 여러분이 검색되고 여러분을 인지한 누군가에게 비즈니스 제안을 받으려면, 영문 프로필을 잘 작성하는 것이 필수적입니다. 링크드인은 전 세계 전문가와 기업들이 모인 플랫폼이므로, 잘 작성된 영문 프로필은 나의 전문성을 보여주는 '디지털 명함' 역할을 합니다. 특히 글로벌 비즈니스 관계를 맺는 것이 목적이니, 영문 프로필은 선택이 아닌 필수입니다.

링크드인의 알고리즘은 사용자의 프로필 내용, 키워드, 활동 이력을 기반으로 사람과 사람을 연결해 줍니다. 즉, 내가 어떤 분야의 전문인지, 어떤 성과를 냈는지, 어떤 산업에 관심이 있는지를 정확하고 세련된 영어로 표현해야 검색 결과에 더 잘 노출되고 다른 전문가나 기업이 나에게 관심을 가질 확률이 높아집니다. 반대로, 내용이 부족하거나 번역 투의 어색한 영어로 작성된 프로필은 신뢰도를 떨어뜨리고 기회를 놓치게 만듭니다.

영어를 잘하지 못하더라도 링크드인에서 해외 마케팅으로 B2B에 더 큰 기회가 있다고 보는 것은 번역 AI 때문입니다. 번역 AI를 이용하여 영문 프로필을 꾸미기가 상당히 쉬워졌으며, 해외 가망고객과의 소통도 가히 혁명적으로 쉬워졌습니다.

예를 들어 한국에서 IT 솔루션을 제공하는 스타트업 대표라고 할 때, 링크드인 프로필을 한글로만 작성하거나 간단한 직책 몇 개만 기입했다면 미국의 파트너사 혹은 동남아의 바이어는 어떤 비즈니스를 하고 있는지조차 파악할 수 없습니다. 하지만 "Founder & CEO at XYZ Tech | Specialized in AI-driven Logistics

Optimization | Passionate about Global SaaS Expansion" 이렇게 명확한 헤드라인과 함께, 이력, 성과, 기업의 가치 제안 등을 구체적으로 적어두면, 해당 분야의 글로벌 기업 담당자들이 관심을 가지고 직접 메시지를 보내올 수 있습니다. 이러한 링크드인 프로필을 작성하는 것이 과거에는 어려웠지만 현재는 국문으로 작성 후 AI의 번역 기능을 활용하여 작성하면 빠르게 완료할 수 있습니다.

잘 정리된 영문 프로필은 다음과 같은 원리로 작동합니다. 첫째, 검색 가능성을 높여줍니다. 링크드인 검색은 키워드 중심이므로 직무, 산업, 기술을 잘 나타내는 표현을 영어로 써두면 더 많은 노출이 이뤄집니다.

둘째, 첫 방문자의 신뢰를 결정짓는 요소입니다. 대부분의 링크드인 방문자는 당신을 처음 보는 사람입니다. 이들은 당신의 프로필 사진, 헤드라인, 요약 글, 경력 기술을 통해 당신이 진짜 전문가인지, 협업할 가치가 있는 사람인지 판단하게 됩니다.

셋째, 직접적인 비즈니스 연결로 이어질 수 있습니다. 링크드인에서는 '거래 가치가 있는 상대방에게 먼저 연락해도 괜찮을지'가 중요한데, 프로필이 빈약하면 연락이 꺼려지지만 잘 다듬어진 영문 프로필은 누군가에게 명함을 내미는 것처럼 자연스럽게 접근의 장벽을 낮춥니다. 결국 링크드인은 사람과 사람을 연결하는 공간이지만 연결의 시작은 영문으로 작성된 '프로필'입니다.

링크등인의 타깃 광고와 프리미엄 기능

링크드인에도 페이스북과 인스타그램과 같은 유료 타기팅 광고가 있습니다. 만약 여러분께서 구글, 페이스북, 인스타그램 등의 타깃 광고를 사용해 보신 경험이 있다면 링크드인 타깃 광고 설정이 무척 쉽게 느껴질 것입니다. 대부분의 옵션이 동일하거나 비슷합니다. 다만 클릭당 광고 비용은 페이스북과 인스타그램에 비하여 다소 높습니다.

대부분 사람들이 링크드인의 광고 기능에만 주목하지만, 정말 중요한 것은 B2B 파트너 발굴을 위한 유료 프리미엄 서비스입니다. 프리미엄 서비스는 일반 사용자 계정보다 더 강력한 기능을 제공하는 유료 상품입니다. 비싼 상품도 있지만 그중에서도 특히 가성비가 좋은 상품으로 '채용(LinkedIn Recruiter Lite)'과 '인메일(InMail)' 기능은 B2B 마케팅을 위해 거래처를 찾을 때 매우 유용하게 활용됩니다.

먼저, 채용 기능은 인재를 찾는 기업이나 채용 담당자에게 최적화된 도구입니다. 그런데 채용을 위하여 꼭 이 기능을 쓰기보다 원하는 B2B 거래처를 찾는 용도로 쓸 수 있습니다. 링크드인은 기본적으로 1촌을 추가하고 수락해야 서로의 프로필을 보고 대화를 할 수 있지만 이 기능을 쓰면 1촌이 아닌 사람들의 정보를 볼 수 있습니다.

기본적인 무료 계정으로도 상대방의 일부 프로필 검색이 가능하지만 프리미엄 채용 상품을 이용하면 훨씬 정교한 필터링과 넓은 검색 범위를 사용할 수 있습니다. 예를 들어 특정 지역, 산업,

경력 연차, 직무 키워드, 현재 재직 여부, 이전 근무지 등을 기준으로 후보자를 좁힐 수 있고 검색 결과에 나타나는 사용자의 전체 프로필을 제한 없이 볼 수 있습니다.

일반 계정으로는 일부 정보가 가려지거나 검색 대상 자체가 제한되지만, 채용을 위한 프리미엄 기능은 더 넓은 대상으로 탐색할 수 있기 때문에 여러분이 필요한 사람을 접촉할 수 있는 장점이 있습니다. 예를 들어서 '뉴욕에 거주 중인 JAVA 개발자'와 같은 옵션으로 사람을 찾기 쉽습니다. 또한 '시카고에 근무하는 10년 경력 이상의 구글 보안 담당자'처럼 회사를 지정해서 경력과 연차로 사람을 찾을 수도 있습니다.

사람을 찾은 이후에는 인메일을 보내서 연락하면 됩니다. 인메일(InMail)은 링크드인에서 서로 연결되어 있지 않은 사람에게도 직접 메시지를 보낼 수 있게 해주는 기능입니다. 일반 계정은 상대에게 연결 요청을 먼저 보내고 수락되어야만 메시지를 주고받을 수 있는데 프리미엄 계정에서는 이 단계를 생략하고 바로 연락할 수 있는 권한이 주어집니다.

예를 들어 외국의 유망 파트너사 담당자에게 협업을 제안하고 싶거나 특정 기업의 구매 담당자에게 샘플 제품을 소개하고 싶은 경우 인메일을 통해 직접 접근할 수 있습니다. 채용과 마찬가지로 좋은 영문 프로필과 함께 잘 작성된 인메일 메시지는 높은 응답률을 끌어냅니다.

결국 링크드인의 프리미엄 서비스는 단순한 구직·채용을 넘어서 전략적 비즈니스 접근을 가능하게 해주는 도구입니다. 연결되지 않아도 먼저 다가갈 수 있다는 점, 그리고 정교한 타깃 검색을 통해 가장 적합한 사람을 빠르게 찾을 수 있다는 점에서 특히 B2B 마케팅, 글로벌 인재 채용, 파트너십 구축 등의 목적으로 매우 유용하게 쓰입니다.

링크드인의 프리미엄 상품은 사용 목적에 따라 여러 가지로 나뉘며, 대표적으로 채용(Recruiter), 세일즈(Sales Navigator), 마케팅(LinkedIn Ads) 용도도 있는데, 이 기능의 설명은 지면 관계상 생략하겠습니다만, 리쿠르터 라이트(Recruiter Lite)만이라도 꼭 사용해 보시기 바랍니다.

리쿠르터 라이트(Recruiter Lite)는 중소기업이나 스타트업용으로 설계된 버전으로 월 $170 정도(약 23만 원)이며, 최대 30개의 인메일이 포함되어 있습니다. 프리미엄 회원의 경우 인메일을 개별 구매할 수도 있는데, 개당 약 $10이지만 일정량 이상은 추가 구매가 제한됩니다.

인메일의 흥미로운 점은 발송 후 90일 이내에 회신이 오면 크레딧이 반환된다는 것입니다. 즉, 메시지 응답률이 높을수록 비용효율이 높아지는 것입니다. 회신이 없거나 거절되면 크레딧은 소모됩니다.

인메일은 단가가 높지만 타깃이 분명한 사람에게 직접 연락할 수 있다는 점에서 링크드인의 핵심 기능입니다. B2B 제안이나 파트너십 요청 같은 질 높은 접촉이 중요한 상황에서는 몇 건만 잘 활용해도 큰 성과를 낼 수 있습니다. 따라서 대량 발송보다는 고객 맞춤형 메시지를 정성 들여 작성하는 것이 가장 효과적입니다.

검색도 타깃 광고도 아닌 리드 너처링!

리드(Lead)란 서비스 사용자나 구매자가 될 후보자를 가리킵니다. 우리말로는 '잠재 고객' 정도로 나타낼 수 있는데 흔히들 DB라고 우리가 말하는 개인정보입니다. 성명, 연락처와 같은 개인정보로 구성되어 있습니다.

'너처링(Nurturing)'은 무엇일까요? 사전적으로는 '특정 대상이 성장할 수 있도록 보살피고 돌본다'라는 의미입니다. 이를 마케팅에 적용하면 잠재 고객이 마케터가 설계한 고객 라이프 사이클을 잘 따라갈 수 있도록 독려한다는 의미를 끌어낼 수 있습니다. 즉 '리드 너처링(Lead Nurturing)'이란 '잠재 고객인 리드들이 구매를 결심할 만큼 성장하도록 관리하는 마케팅 활동'을 말합니다. 개인적이면서도 적절한 메시지를 자동으로 던져야 할 것입니다.

왜 너처링을 해야 할까요? 아마도 여러분의 B2B 제품이 가격이 비싸기 때문일 것입니다. 가격이 싸다면 즉시 구매할 것이고 너처링을 할 필요가 없을 것입니다. 실제로 너처링이 필요한 경우는 객단가가 높은 서비스일 가능성이 큽니다. B2B 영업에 시간이 오래 걸리는 대규모 개발이나 건축 프로젝트 등이 이에 해당합니다. 이러한 고민과 의사결정의 시간이 긴 프로젝트들은 별도의 너처링 과정이 필요합니다.

또한 B2B 타깃 광고 경험이 적은 기업들은 때가 아닌 것과 거절의 구분을 잘 못하는 경우가 많습니다. 때가 아닌 것과 거절하는 것은 분명히 다른 의미입니다. 너처링해서 때가 올 때까지 기다려야 매출이 나오는 경우인데 쉽게 포기하는 경우가 있습니다. 많은 B2B는 연말이나 연초, 예산 확정 시기, 입찰 공고, 경영진 승인 등의 타이밍에 맞춰 프로젝트가 시작되는 특성이 있습니다. 이를 모르고 B2B 타깃 광고를 시작하면서 즉각적인 매출 발생을 기대하는 기업들이 많은데, 이는 비현실적인 기대일 수 있습니다.

PART. 6

광고 세계관을 바꿔야 광고가 성공한다

타깃 광고를 기술로만 접근하면 어느 순간부터 방향을 잃기 쉽습니다. 왜 타깃 광고를 하는가, 왜 이 사람들에게 메시지를 전하려 하느냐는 본질적인 질문이 사라지면, 타깃 광고는 맥락이 없는 기능적 활동으로만 남습니다. 이 PART는 광고에 대한 근본적인 태도와 관점을 되짚습니다. 공급자 중심이 아닌 사용자 중심의 사고, 광고주가 아닌 고객의 언어로 말하기, 데이터보다 경험과 직관을 우선해야 할 순간, 그리고 브랜드가 가져야 할 미디어적 책임까지, 광고의 '철학'을 이야기합니다. 단순한 기법이 아닌 브랜드를 오래 지속시키는 힘은 결국 이런 시선에서 비롯됩니다.

타깃 광고는 업종 경험, 사회 경험, 연륜이 있을수록 유리하다

타깃 광고를 잘하기 위해 가장 중요한 것은 무엇일까요? 많은 분들은 광고 기법에 대한 책을 읽거나, 유명 강사의 강의를 듣고, 플랫폼의 기능이나 캠페인 최적화 기법을 익히는 것이 우선이라고 생각하실 수 있습니다. 물론 이러한 지식도 필요합니다. 하지만 저는 오랜 시간 광고 대행사를 운영하며 실무 경험과 교육을 통해 하나의 확신을 갖게 되었습니다. 타깃 광고를 성공시키는 데 진짜 핵심은 광고 기술이 아니라 사람과 업종에 대한 깊은 이해라는 점입니다. 결국 이것을 잘하는 기업이 성공하였습니다.

　타깃 광고는 흔히 기술적인 설정, 알고리즘 분석, 정교한 플랫폼 운용이라는 '테크닉'의 영역으로만 여겨지기 쉽습니다. 그러나 실제로 광고 성과를 결정짓는 요소는 광고를 보는 사람의 삶을 얼마나 깊이 이해하느냐에 달려 있습니다. 광고는 결국 사람을 설득하는 일이고, 설득은 그 사람의 감정과 상황에 공감할 수 있을 때 가능합니다. 숫자와 도달률, 클릭률을 아무리 분석해도 사람에 대한 이해가 결여되어 있다면 광고는 제대로 작동하지 않습니다.

　이런 이유로 타깃 광고는 연륜이 있고 업종 경험과 사회 경험이 많은 분들에게 훨씬 유리한 영역입니다. 광고 운영 툴은 누구나 익힐 수 있지만, 고객이 어떤 이유로 반응하고 어떤 상황에서 구매를 결정하는지를 아는 능력은 쉽게 배울 수 없습니다. 고객의 행동을 이해하고, 그 삶의 맥락을 유추하는 힘은 오랜 경험에서 비롯됩니다. 50자 내외의 키워드 광고에서는 이러한 격차가 보이지 않지만, 타깃 광고는 다릅니다.

　저는 그동안 수많은 신입사원들을 교육해 왔습니다. 디지털에 익숙하고 학습 속도가 빠른 20대 직원들이 광고 플랫폼을 빠르게 익히는 모습은 인상적이지만, 정작 캠페인 전략이나 메시지의 방향을 잡을 때는 현실감이 부족한 경우가 많았습니다. 예를 들어, 임플란트 광고를 담당하게 되었을 때, 임플란트가 필요한 연령대부터 잘못 짚는 경우도 있었고, 학부모 대상 광고에서는 학원의 커리큘럼만 강조하고 정작 학부모가 중요하게 생각하는 요소인 교사의 태도, 학원 거리, 입소문 등의 내용을 고려하지 않았습니다.

보험 광고 역시 마찬가지입니다. 보장 항목을 나열하는 것보다, 실생활에서 어떤 상황에 어떻게 적용되는지를 보여줄 때 소비자가 반응합니다. 하지만 직접 보험에 가입해 본 적이 없는 사람은 이 감각을 체득하기 어렵습니다. 결국 이런 미묘한 부분은 교과서나 데이터로는 배울 수 없는 영역입니다.

그래서 저는 오히려 현장의 경험이 있는 대표님들, 또는 오랫동안 업종을 직접 겪어오신 분들이 타깃 광고를 직접 하신다면 훨씬 더 효과적인 메시지를 만들 수 있다고 확신합니다. 왜냐하면 그분들은 고객이 실제 어떤 문제를 겪는지, 어떤 조건에서 마음을 여는지를 누구보다 잘 아시기 때문입니다. 여기에 플랫폼 운영의 기본만 익히신다면, 실질적이고 성과 중심의 광고를 직접 설계하실 수 있습니다.

광고를 잘한다는 것은 단지 기계적인 타기팅을 잘한다는 뜻이 아닙니다. 공감 기반의 분별력으로, 적절한 메시지를 적절한 사람에게 적시에 전달하는 능력을 의미합니다. 이를 위해서는 기술보다 중요한 것이 바로 사람과 업(業)의 본질을 꿰뚫는 통찰력입니다.

현장을 중요하게 여기는 기업들의 문화가 이를 잘 보여줍니다. 유명 참치캔 판매기업은 자녀 경영인에게 직접 참치 원양어선을 타보게 하고, 어떤 호텔 기업은 신입사원들에게 객실과 식음료 부서 근무를 일정 기간 의무적으로 시킵니다. 에어비앤비는 직원들에게 직접 호스트나 게스트로 운영이나 여행을 체험하게 합니다. 이 모든 경험은 고객의 마음을 이해하고, 서비스의 본질을 체감하기 위한 노력입니다.

마찬가지로, 광고도 사람을 만나는 일입니다. 진짜 마케터는 데이터를 넘어 사람의 마음을 읽습니다. 지금 이 순간, 이 사람이 어떤 메시지를 들었을 때 진심으로 반응할지를 고민해야 합니다. 이 직관은 오직 경험에서만 나옵니다. 그리고 여러분은 이미 그 경험을 갖고 계신 분들입니다.

인간은 경험에 몰입된다, 광고 선택도 마찬가지

사람들은 보지 않은 것과 경험하지 못한 것을 존재하지 않는다고 생각하는 경우가 많습니다. 타깃 광고도 마찬가지입니다. 사람은 자신이 직접 보고, 듣고, 경험한 것을 중심으로 세상을 판단하는 경향이 있습니다. 보지 못한 것, 경험하지 못한 것은 마치 존재하지 않는 것처럼 느끼는 것입니다. 이러한 심리는 일상적인 삶에서뿐 아니라 광고매체를 선택하는 판단에서도 그대로 작동합니다. 특히 온라인광고의 선택에서는 더욱 그러합니다.

오늘날 우리는 대부분의 시간을 스마트폰이라는 개인화된 디바이스와 함께 보냅니다. 유튜브, 인스타그램, 뉴스 앱, 쇼핑 플랫폼 등 나만을 위한 콘텐츠와 광고가 끊임없이 나옵니다. 그런데 중요한 점은 이 모든 콘텐츠는 '알고리즘'에 의해 선택된 것들이라는 사실입니다. 다시 말해 우리가 보는 세상은 전체의 일부분이며 그조차도 내가 과거에 보았던 것, 좋아했던 것, 클릭했던 것을 분석하여 추천하는 연장선입니다.

나머지는 달의 뒷면처럼 나에게는 보이지 않습니다. 나는 타깃이 아니라서 볼 수 없을지 모르지만, 나의 타깃 고객들에게는 매일 보는 일상이 될 수 있습니다. 이러한 환경에서 광고매체 선택 판단의 오류가 자주 발생합니다. 광고주들이 '나는 그런 광고 본 적이 없다', '요즘은 쿠팡이지, 누가 오픈마켓에서 쇼핑해? 쿠팡에 광고하자'와 같은 이야기를 하며 자기 경험을 기준으로 광고 매체나 전략을 평가하려는 경우가 많습니다.

그러나 많은 타깃 광고 계정과 데이터를 분석하며 확실히 느낀 것은, 개인의 경험은 결코 전체 고객의 경험을 대변할 수 없다는 점입니다. 그런데도 우리는 무의식적으로 '내가 안 봤으니 효과 없을 것'이라는 함정에 빠지고 맙니다. 20대 화장품을 판매하는 50대 남성 사장님은 네이버와 같은 검색 플랫폼이 아닌 인스타그램과 같은 도달 플랫폼에서 여성 화장품 광고를 볼 수 있는 기회가 거의 없을 것입니다. 타깃이 아니기 때문입니다. 그런데 이 사장님이 인스타그램에는 화장품 광고가 없다고 생각하고 인스타그램을 광고 포트폴리오에서 배제한다면 큰 실수가 될 것입니다.

문제의 핵심은 개인의 경험이 단순한 취향을 넘어서 광고 예산의 투자 결정에까지 영향을 미친다는 것입니다. 위와 같은 생각은 위험한 사고방식입니다. 타깃 광고는 본질적으로 '개인화'의 기술입니다. 즉, 여러분의 핸드폰에 보이지 않는 광고가 다른 누군가의 핸드폰에서는 수없이 노출되고 있을 수 있습니다. 광고주는 이 점을 간과해서는 안 됩니다.

마케팅 전략은 나의 경험이 아니라 데이터와 전체 흐름 속에서 판단되어야 합니다. 이 책에서 타기팅과 알고리즘의 원리를 상세히 다뤘던 이유도 바로 이 때문입니다. 타기팅은 강력한 도구이지만 동시에 우리의 시야를 제한하는 프레임이 될 수 있습니다. 마치 우물 안에서 하늘을 올려다보는 것처럼 우리는 그 작은 시야를 전부인 양 착각할 수 있습니다.

타기팅은 우리가 원하는 것을 보여주는 동시에 보고 싶지 않은 것들을 가려버리는 기능도 한다는 사실을 이해해야 합니다. 그래서 마케팅에서는 항상 객관성이 필요합니다. 내가 경험하지 않았다고 해서 그것이 없는 것이 아닙니다. 고객은 나와 다르게 행동하며, 나와 다른 광고에 노출되어 광고에 반응합니다.

데이터를 통해 전체 흐름을 보고 다양한 고객군의 반응을 분석하며 그에 맞춰 전략을 설계해야 합니다. 우리가 보고 있는 광고는 전체 중 일부일 뿐이며 우리의 시야는 늘 어떤 방식으로든 필터링되고 있습니다. 이 점을 인식할 때 우리는 진짜 마케팅을 볼 수 있는 눈을 갖게 됩니다. 그러니 늘 한발 물러나 객관적인 시선으로 광고를 보고 전략을 수립하시기를 바랍니다. 다매체 시대의 마케터와 광고주가 가져야 할 가장 중요한 태도입니다.

마케팅은 아이템을 이길 수 없다

광고업계에서 오랫동안 일하며 수많은 캠페인을 진행해 오면서 늘 마주하게 되는 하나의 진실이 있습니다. 바로 '마케팅은 아이템을 이길 수 없다'는 사실입니다. 아무리 정교한 타기팅, 감각적인 크리에이티브, AI와 빅데이터 기반의 반응예측과 퍼포먼스 마케팅이 동원되더라도 결국 아이템 자체의 힘이 없으면, 반짝 효과를 낼 뿐 지속적인 성과로 이어지지 않습니다.

앞선 장에서는 타깃 광고의 중요성과 정교한 설정이 얼마나 큰 차이를 만들 수 있는지를 강조했습니다. 하지만 이 모든 전략이 효과를 발휘하기 위한 전제 조건은 '팔릴만한 아이템'입니다. 다시 말해 마케팅은 잘 되는 아이템을 더 잘 되게 만드는 것이지, 잘 안되는 아이템을 억지로 되게 만들 수는 없습니다.

여기서 '잘 되는 아이템'이란 단순히 트렌디하거나 새롭다는 것 이상의 의미를 가집니다. 실제로 소비자에게 필요하고 경험한 고객이 다시 찾고 경쟁 제품 대비 명확한 차별점이 있는 아이템이야말로 진짜 강력한 무기입니다.

많은 창업자와 온라인 강의가 마케팅의 기술에 지나치게 기대를 겁니다. '광고만 잘하면 된다', '요즘은 상세 페이지가 전부다'라는 말도 흔히 들립니다. 하지만 현실은 냉정합니다. 실제로 최근 성공한 브랜드들을 들여다보면, 마케팅의 정교함 이전에 제품 자체가 '끌리는 힘'을 갖고 있음을 알 수 있습니다.

과도한 기능이 아닌 단순한 사용성, 고객이 진짜 원하는 문제 해결, 브랜드의 철학과 일관된 메시지—이런 것들이 아이템 그 자체 안에 내재하여 있습니다. 그 아이템이 사람들의 삶 속에서 실질적인 가치를 주기 때문에 마케팅은 그저 그것을 효과적으로 '보이게' 하는 일만으로도 충분한 성과를 냅니다.

결국 마케팅은 도구이지 기적이 아닙니다. 마케터의 역할은 마법사가 아니라 가능성을 가진 아이템을 시장에 올바르게 연결해주는 전략가에 가깝습니다. 아이템이 기본기를 갖추지 못한 채로 오직 마케팅으로만 성과를 내려 한다면 그것은 오히려 마케팅의 실패로 기억될 수 있습니다.

타깃 광고를 처음 해 보는 경우에 과도한 기대를 할 수 있는데, 결국 통계가 설명해 주게 됩니다. 내 아이템에 대한 지나친 애정 때문에 객관적 판단이 흐려질 수 있으니, 광고 지표를 믿고 따르시길 바랍니다. 타깃 마케팅은 본질적으로 금융 투자와 같습니다.

타기팅을 아무리 잘해도 비시즌은 시즌을 이기기 힘들다

타기팅 만능주의에 빠지면 무리한 도전을 하는 경우가 있습니다. 많은 초보 마케터들이 타기팅 기술의 정교함에 매료됩니다. 나이, 성별, 위치, 관심사, 구매 성향까지 세밀하게 설정하고 광고 효율을 수치로 예측할 수 있게 되면서 마치 모든 것이 통제 가능한 게임처럼 느껴질 때도 있습니다.

어떤 제품과 서비스는 특정 시기, 특정 계절, 특정 상황에서만 수요가 집중됩니다. 예를 들어 제습기나 냉방 제품은 여름철에, 케이크는 연말에, 수험서와 학원은 신학기 직전이 시즌입니다.

계절성·시즌성이 뚜렷한 제품들은 비시즌에 아무리 정교한 타기팅을 하더라도 매출 성과가 시즌의 성수기만큼 나오기가 어렵습니다. 플랫폼이 아무리 '적합한 사람'을 찾아준다 한들, 그 사람이 지금 당장 그 상품을 시기적으로 필요로 하지 않는다면 광고는 자연스럽게 무시되거나 반응이 약할 수밖에 없습니다.

타기팅 만능주의에 빠진 마케터나 광고주는 종종 이 현실을 간과하고 비시즌을 광고 기술로 극복하려고 시도합니다. '광고 예산을 조금만 더 쓰면 성과가 날 것 같다', '타깃을 더 좁히면 꼭 필요한 사람에게 도달할 것이다'라는 식의 접근입니다. 물론 예외는 존재합니다. 대기업이 많은 예산으로 대형 캠페인을 하면 될 수 있습니다.

시즌이 있는 제품이라면, 먼저 해야 할 일은 광고로 비시즌을 메우는 것이 아니라 시즌 매출을 최대치로 끌어올리는 것입니다. 시즌은 여러분에게 집중적인 고객 유입 기회를 제공하는 시간입니다. 이 시기를 놓치면 남은 9~10개월은 효율 낮은 고군분투의 연속이 될 수 있습니다. 특히 성수기에 쏠림 현상이 강한 비즈니스라면 시즌의 광고 집중 전략은 선택이 아닌 필수입니다.

'매체 적합성'이라는 것이 항상 맞는 말일까?

광고 전략을 이야기할 때 흔히 '타깃이 있는 플랫폼에 광고하라'는 말을 듣습니다. 그래서 10대, 20대는 인스타그램, 쇼츠, 틱톡을, 30대 이상은 네이버나 카카오를, B2B 광고는 링크드인을 사용하라고 많은 강의에서 조언합니다.

이처럼 플랫폼 전략을 연령대나 업종별로 단순 매핑하는 방식은 직관적으로 이해되기 쉽고 강의나 책에서도 자주 등장합니다. 그러나 저는 이 접근법이 절반의 진실만을 담고 있을 뿐, 전부는 아니라고 생각합니다.

먼저 짚어야 할 점은 국내에서 사용자 수가 1,000만 명 이상인 플랫폼은 그 자체로 이미 '인구 단면'을 충분히 포함하고 있다는 사실입니다. 인스타그램에 60대 사용자가 없을까요? 전혀 그렇지 않습니다. 적긴 해도, 수십만 명의 60대 사용자들이 매일 인스타그램을 열고 피드를 보고 쇼핑을 하고 콘텐츠를 소비하고 있습니다.

이들은 자녀의 사진을 보기 위해, 손주의 일상을 보기 위해, 친구의 소식을 보기 위해, 건강 정보나 여행지 사진을 보기 위해 플랫폼에 접속합니다. 그리고 이 사용자들에게 AI 기반 타깃 광고는 정확히 필요한 메시지를 도달시킬 수 있습니다. 실제로 저는 인스타그램을 통해 60대 이상에게 임플란트, 관절염, 치매 예방 콘텐츠를 광고해 성공적인 반응을 끌어낸 사례를 여러 차례 경험했습니다.

여기서 중요한 것은 '이 플랫폼이 누구를 위한 것인가'라는 나의 개인적 생각이 아니라, '그 플랫폼 안에서 누가 실제로 반응하고 행동하는가'를 데이터로 확인하는 것입니다. 즉, 매체 자체의 이미지보다 매체의 사용자 수를 보고 광고 전략을 설계해서 집행해 보아야 한다는 것입니다. 실제로 집행도 해보지 않고 선입견으로 테스트 광고도 집행해 보지 않는 것은 큰 손해입니다.

지금까지 플랫폼 자체의 인상이나 분위기가 사용자 연령대를 크게 가르는 기준이 되었을 수 있습니다. 그러나 지금은 거의 모든 주요 플랫폼이 AI 기반 도달 광고 기술을 갖추고 있으며, 광고주는 연령, 지역, 관심사, 행동 패턴 등을 정밀하게 타기팅 할 수 있습니다. 다시 말해 우리는 '플랫폼의 분위기나 인상이 어떤가?'가 아니라 '어디에서 타깃을 정확히 찾아낼 수 있는가'로 전략의 기준을 바꿔야 합니다.

특히 일정 규모 이상의 예산으로 광고를 집행하는 경우에는 매체를 인상과 선입견에 기반하여 기계적으로 구분하고 배제하는 접근은 미디어믹스 전략을 약화시킬 수 있습니다. 예산이 크다면 그만큼 다양한 매체를 활용해 실험할 수 있고 AI의 학습을 통해 예기치 않은 고효율 타깃 군을 발굴할 수도 있습니다. 인스타그램의 60대, 쇼츠의 50대, 틱톡의 50대 등은 단순히 '소수'가 아니라 충분히 마케팅적으로 성과를 낼 수 있는 세그먼트가 될 수 있습니다. 무릎 인공관절 수술 광고도 틱톡으로 충분히 좋은 성과가 나오고 있습니다.

우리는 이 질문을 던져야 합니다. '플랫폼 적합성이란 이름 아래, 우리는 오히려 편견에 갇혀 광고 기회를 놓치고 있지 않은가?' 실제 성과가 나오는 타깃층이 플랫폼 내에 존재하고 광고 알고리즘이 그들을 정확히 찾아낼 수 있다면, 그 매체는 '적합한 매체'입니다. 단지 이미지나 선입견만으로 배제할 이유는 없습니다.

중요한 것은 콘텐츠의 설계, 타깃의 정의, 데이터 기반의 테스트와 검증, 그리고 성공 사례의 분석입니다. 플랫폼은 단지 도구일 뿐이며 도구의 진정한 가치는 그 안에서 어떤 도달 결과를 만들어낼 수 있는가에 의해 결정됩니다.

광고 전략은 단순히 '이 나이는 이 플랫폼'이라는 1차원적인 공식을 따르기보다 AI 타기팅이 가능한 플랫폼이라면, 그 안에서 반응할 수 있는 세그먼트를 정확히 찾아 광고를 집행하는 것이 더 중요합니다. 이것이 바로 실무에서 결과를 만드는 전략이며 광고 예산이 커질수록 반드시 가져야 할 사고방식입니다. 매체 적합성이라는 단어가 혹시 여러분의 편견을 정당화한 수단은 아닌지 객관적으로 점검해 보시기 바랍니다.

타깃 광고는 역주행이 없다

'타깃 광고에서 역주행은 없다' 이 말은 타깃 광고 실무를 해본 사람이라면 누구나 공감할 수밖에 없는 현실적인 경험을 표현한 문장입니다. 최근 가요계에서는 '역주행'이라는 단어가 자주 회자됩니다. 발매 당시에는 큰 주목을 받지 못했던 노래가 시간이 지나 유튜브나 소셜 미디어, 예능 등을 계기로 다시 인기를 얻고 차트 상위권에 오르는 현상을 말합니다. 그러나 타깃 광고에서는 이러한 '역주행'이 거의 일어나지 않습니다.

타깃 광고에서 가장 중요한 것은 광고의 초기 반응입니다. 광고 소재가 처음 게재되었을 때, 즉 노출되고 클릭되기 시작하는 초기의 CRT나 CPC등을 보면 이미 성과의 가능성을 대부분 추정 가능합니다. 광고는 플랫폼의 알고리즘에 따라 초반에 높은 반응을 얻은 소재에 더 많은 예산이 배분되고 반응이 낮은 소재는 노출이 줄어듭니다. 이 과정에서 한 번 성과가 부진했던 소재가 시간이 지나 '입소문을 타고' 성과를 반전시키는 일은 거의 없습니다.

이 말은 곧, 광고 소재의 기획과 설계가 가장 중요한 영역이라는 뜻이기도 합니다. '성과는 세팅보다 소재에서 나온다'는 말이 있을 정도로, 타깃 광고에서 무엇을 보여줄 것인가가 클릭률, 전환율, 그리고 광고 전반의 효율을 좌우합니다. 광고 크리에이티브의 기획력과 메시지는 광고의 초기 성과에 절대적인 영향을 미칩니다.

그렇다면 좋은 광고 소재는 어디서 찾을 수 있을까요? 제가 많은 업종의 광고를 도와오면서 경험한 바에 따르면 정답은 항상 현장에 있습니다. 특히 각 업종의 FAQ(자주 묻는 질문) 안에 진짜 성과가 높은 광고 소재의 힌트가 숨어 있는 경우가 많습니다.

예를 들어 피부과에서는 '기미와 주근깨는 어떻게 다르나요?'라는 질문이 자주 나오고, 이 질문을 중심으로 한 짧은 영상 광고는 매우 높은 클릭률을 보일 수 있습니다. 성형외과에서는 통증에 대한 질문이, 영어학원에서는 '우리 아이가 영어를 싫어하는데, 어떻게 시작해야 하나요?'라는 부모의 고민이 핵심 타깃을 자극하는 콘텐츠가 되었습니다.

즉, 좋은 광고 소재는 광고 전문가의 책상에서 나오는 것이 아니라 업종의 고객과 가장 가까운 접점에서 만들어집니다. 고객이 매일 같이 물어보는 질문에 정답이 있고 그 질문 속에 그들이 원하는 정보, 궁금증 해결책, 그리고 광고에서 반응할 메시지가 숨어 있습니다.

타깃 광고는 초기 반응에서 성패가 갈리기 때문에 처음부터 여러 가지의 소재로 동시에 집행하여 그중의 일부라도 성공할 가능성을 높여야 합니다. 이때 소재는 업종별로 고객들이 가장 자주 묻는 질문들을 분석한 뒤, 그에 대한 명확한 답변을 광고 콘텐츠로 풀어내야 합니다. FAQ는 고객의 상황을 가장 압축한 질문이고, 그 질문에 명확하고 공감 가는 답을 제시하는 광고가 바로 성과로 이어지는 광고입니다.

타깃 광고에서 역주행을 기대하고 무작정 광고를 켜두면 비용만 지출됩니다. 대신 처음부터 제대로 설계된 콘텐츠로 승부를 거시거나 부지런하게 소재를 제작하시기를 바랍니다. 가설을 세운 대로 결과가 나오지 않으면, 과감하게 off 하시기 바랍니다. 기다

림이 아니라 민첩성과 기획력으로 승부를 볼 수 있는 것이 타깃 광고입니다.

브랜드 인지도 없는 광고주의 타깃 전략은?

광고 대행사의 입장에서 가장 쉬운 것은 1위 기업의 광고를 맡는 것입니다. 1위 기업의 광고 크리에이티브로 가장 적절한 것은 우리가 1위라고 광고를 하는 것입니다. 대중들은 업계 1위라는 광고 문안에 상당히 잘 설득됩니다. 그래서 1위 기업이 더욱더 유리한 상황이 계속되고 통계를 쪼개서 기간을 짧게 표기하고, 특정 기간일지라도 우리가 1위라는 문안을 계속 강조하고 있습니다. 1위 기업이 우리가 1위라고 표현했을 때 광고의 성과가 그만큼 잘 나온다는 말입니다.

또한 유명한 광고모델을 썼을 때 광고 클릭률은 상대적으로 높게 나옵니다. 그래서 업계 1위이거나 예산이 많은 대기업의 광고는 훨씬 유리합니다. 출연료가 비싼 광고모델을 쓸 수 있기 때문입니다. 그래서 여러분이 대기업과 동일한 방식으로 광고해서는 안 됩니다.

여러분이 그저 여러분의 제품을 '맛있다, 멋지다, 이뻐진다'와 같은 식으로 단순하게 광고하면, 동일하게 광고하는 대기업, 브랜드 인지도 있는 기업의 효율 절반도 나오지 않을 것입니다. 실제 저는 이것을 필드에서 많이 경험하였습니다.

동일한 다이어트 상품을 광고하는 경우, 인지도 있는 제품이

1명의 문의를 받는데 3천원이 든다고 가정하면 인지도 없이 시장에 처음 나온 제품이 대기업과 유사하게 광고하면 3만원, 4만원에 1건의 문의를 받는 일은 너무 흔합니다. 같은 예산 아래에서 1위 기업은 10배의 성과를 내는 것입니다.

결국에 대기업과 다른 포인트로 성과를 낼 방법을 찾아야 합니다. 아니면 시류성에 부합하거나 민첩성이 있어야 합니다. 예를 들어 마켓컬리가 기존 유통업체와 동일하게 가격과 할인만 강조하였다면 시장에서 살아남을 수 있었을까요? 그들은 새벽 배송을 '샛별 배송'이라는 단어로 차별화하여 서비스를 만들고 홍보하였습니다.

토스가 기존 은행이나 카드사와 동일하게 경쟁하면 성장할 수 있었을까요? 결국 토스는 '간편송금' 하나에 집중했고 복잡한 공인인증서의 페인포인트를 해결하려 하였으며, 1초 안에 돈을 보낼 수 있다는 심플한 사용자 경험을 제시하였습니다.

브랜드 인지도가 없다면 도달 광고로 전략을 짜서 남다른 포인트에서 크리에이티브 개발을 해야 합니다.

당신은 네이버 중심의 광고 세계관을 갖고 있나요?

'지금 우리 광고는 몇 위인가요?'는 많은 국내 광고주가 대행사 담당 직원에게 오전 업무시간에 가장 먼저 던지는 질문입니다. 특히 네이버를 중심으로 광고를 집행하는 경우, 상당히 많은 광고주들이 키워드 순위나 블로그 상단 노출 여부에 유난히 집착하는 경향이 있습니다.

물론 노출 위치는 중요합니다. 검색 결과에서 상위에 있을수록 클릭 확률이 높아지고 이는 곧 유입으로 이어질 가능성을 높기 때문입니다. 하지만 이 질문을 지나치게 반복하고 있다면 여러분은 '네이버 중심의 광고 세계관'을 가졌는지도 모릅니다.

네이버 세계관이란, 광고 성과의 주요 판단 기준을 '검색 노출 순위'에 두는 사고방식을 말합니다. 이 세계관의 특징은 다음과 같습니다. 순위가 매출로 직결된다고 믿고 상위 노출을 확보하기 위해 바이럴 블로그나 파워 콘텐츠 같은 상품에 예산을 집중 투입합니다. 광고 담당자나 대행사에 '우리가 몇 위에 노출되고 있냐?', '지금 노출 순위가 왜 밀렸냐?'는 질문을 자주 던집니다. 이 세계관에서는 노출의 '질'보다는 노출의 '위치'가 더 중요합니다.

반대로, 도달 광고 중심의 세계관을 가진 사람들은 순위보다 '얼마나 많은 사람에게 보여졌는가', 즉 도달 수와 노출 수를 더 중시합니다. 페이스북, 인스타그램, 유튜브, GDN(구글 디스플레이 네트워크) 등 알고리즘 기반 광고에서는 이런 접근이 보편적입니다. 클릭이나 전환이라는 명확한 목표를 기준으로 성과를 측정하고 그 결과를 바탕으로 메시지를 바꾸고 타깃을 조정합니다. 이 세계관에서는 노출 '위치'보다 노출 '대상'이 더 중요합니다.

중요한 점은 어느 세계관이 맞고 틀리다는 것이 아닙니다. 두 세계관은 각기 다른 방식으로 시장을 해석하는 도구일 뿐입니다. 문제는 현시점에서 어떠한 세계관이 더 유리한가와 광고주가 특정 세계관에 고착되어 다른 관점을 전혀 받아들이지 못하는 것은 아닌가 하는 것입니다. 네이버에서 상위노출에 수백만 원을 들였는데 정작 유입은 미미하고 전환은 전혀 없는 경우가 종종 있습니다. 이는 위치가 '보장된 성과'가 아님을 방증합니다.

그래서 저는 늘 이렇게 묻습니다. "여러분은 실제 성과를 측정하고 계신 가요? 아니면 불안감이 해소되기를 바라시는 것인가요?" 광고 성과를 판단할 때 단순히 몇 위에 있는지가 아니라 실제로 얼마나 많은 사람들이 광고를 보았고 얼마나 클릭했으며 그중 몇 명이 전환으로 이어졌는지 데이터를 측정하고 분석하고 있느냐는 것입니다.

이제 스스로에게 질문해 보시기 바랍니다. 나는 지금 '노출 위치'에만 집착하고 있는가, 아니면 '성과'에 집중하고 있는가? 그리고 무엇보다 중요한 질문, '나는 지금 제대로 측정하고 있는가?' 이 질문에 답할 수 있어야 진정한 다매체 마케팅이 시작됩니다.

고객 경험 (Customer Experience, CX) 설계 능력이 중요하다

기업의 마케팅 담당자는 단순히 '광고하나'로 끝나는 게 아니라 광고 → 랜딩페이지 → 상담 → 구매 → 매출 → 재구매까지 전체 경험을 디자인할 줄 알아야 합니다. 한 조각만 잘하는 건 점점 의미가 없어질 것입니다.

여러 광고주들과 만나다 보면, 단순히 광고 입찰 업무만 처리하는 담당자가 있거나, 실제 고객 상담 노하우가 없는 조직원들로 이루어져 있거나, 상담팀이 고객을 재구매로 연결시킬 시스템이나 능력을 갖추지 못한 경우를 많이 봅니다. 광고의 궁극적 목표는 매출 증대일 텐데, 타깃 광고를 집행하는 것만으로는 매출이 저절로 보장되지 않습니다.

우연히 매출이 나올 수는 있습니다. 그런데 원하는 매출이 필요한 때에 나오지 않을 수 있습니다. 통상적으로 성공적인 광고란, 성공적인 매출이 적시에 나오는 데 기여하는 것을 의미합니다. 그런데 가장 최전방에 있는 타깃 광고를 잘한다고 해서 나머지 중간 과정을 생략하고 매출이 잘 나올 수 있을까요?

전체를 디자인할 수 있거나 필요한 인물이 적재적소에 있어야 타깃 광고를 통한 매출이 나올 수 있습니다. 실제로 많은 광고주와 미팅하다 보면 광고 집행 자체는 잘하고 있음에도 불구하고 매출이 기대에 미치지 못하는 경우가 많습니다. 그 원인을 깊이 들여다보면 대부분 광고 이후의 과정인 랜딩페이지의 설계 미흡, 상담 대응의 부족, 구매 후 케어의 부재, 재구매 유도 시스템의 미작동에서 문제가 발생합니다.

광고 자체는 고객을 끌어오는 도구일 뿐이고 그 이후의 흐름에서 고객을 어떻게 설득하고 유지하느냐가 진짜 성과를 결정짓는 것입니다. 타깃 광고만 잘하는 사람, 상담 경험이 없는 마케터, CRM을 활용할 줄 모르는 조직, 이런 식으로 각 기능이 분절되어 있으면 매출은 항상 '운에 맡기는 일'이 되고 맙니다.

광고는 고객과의 첫 접점일 뿐이라는 것을 이해하고 이후 모든 접점을 유기적으로 연결하는 조직원이 있다면, 그 광고는 단순한 노출이 아니라 고객을 설득하고 반복 구매로 이끄는 여정의 시작점이 됩니다. 결국 중요한 건 '광고를 할 줄 아느냐'가 아니라 '광고 이후를 어떻게 설계하느냐'입니다.

광고 관점을 사용자에서 광고주로 바꾸어라!

타깃 광고의 실력을 빠르게 향상시키고 싶다면, 이론을 책으로 공부하거나 강의를 듣는 것만으로는 절대 실력이 늘지 않습니다. 제가 초보 마케터에게 권장하는 방법은 '직접 광고를 집행해 보는 경험과 관점의 전환입니다. 디지털 광고는 책으로 배우는 것이 아니라 뛰어들어서 반응을 보며 체득하는 영역입니다.

이때 가장 중요한 첫 번째 변화는 바로 사용자의 시선에서 광고주의 시선으로 관점을 바꾸는 것입니다. 우리는 하루에도 수십 수백건의 광고에 노출됩니다. 인스타그램을 스크롤 하면서, 유튜브 영상을 보기 전, 카카오톡을 열었을 때 다양한 광고가 노출됩니다. 대부분의 사용자들은 이 광고들을 그냥 스쳐 지나가거나 귀찮아하며 넘깁니다.

하지만 광고 실력을 키우고 싶다면 이런 순간을 경험의 기회로 전환해야 합니다. '이 광고는 왜 나에게 노출되었을까?', '어떤 타깃 기준으로 내가 이 광고의 대상이 되었을까?', '이 메시지는 왜 이 타이밍에 나왔을까?' 이런 질문을 던지는 것만으로도 광고 이해의 깊이는 달라집니다.

광고는 결국 타기팅, 크리에이티브, 기획의 조합입니다. 타기팅 실력을 늘리려면 평소 광고를 볼 때마다 스스로에게 물어보시기 바랍니다. '내가 어떤 행동을 했기 때문에 이 광고가 나왔을까? 아니면 내 나이, 성별, 지역, 관심사 때문일까?'. 이런 분석을 자주 하다 보면 광고 타기팅의 원리가 보이기 시작하고, 나중에 직접 캠페인을 설계할 때 큰 도움이 됩니다.

또 하나 중요한 실천은 좋은 광고 시안의 수집입니다. 저는 매일 도달 광고를 보며 '참고할 만하다', '이 크리에이티브는 구조가 좋다', '이 문구는 응용할 수 있겠다'는 생각이 들면 즉시 핸드폰 캡처 기능을 이용해 저장해 둡니다. 그렇게 모은 광고가 지금까지 5,000개가 넘습니다.

이 작업은 단순한 수집이 아니라 광고를 보는 눈을 키우고 크리에이티브의 기획력을 넓혀주는 훈련입니다. 많은 시안을 보면 공통된 구조와 패턴이 보이고 반대로 차별화된 접근도 눈에 들어옵니다. 이러한 시각적 자산은 새로운 아이디어를 기획할 때 매우 강력한 도구가 됩니다.

무엇보다도 여러분이 속한 산업군의 마케팅 동향을 읽는 데에도 큰 도움이 됩니다. 예를 들어 뷰티 업계라면 요즘 어떤 뉘앙스의 표현과 메시지를 많이 쓰이는지, 어떤 스타일의 영상이 반응이 좋은지, 경쟁사들은 어떤 디자인과 관점으로 제품을 소개하는지를 광고 시안을 통해 빠르게 파악할 수 있습니다. 이는 곧 실무의 방향 설정과 차별화 전략에 중요한 기반이 됩니다.

발명 말고, 발견! 제작 말고, 모방부터!

제가 회사에서 신입 마케팅 직원들에게 자주 하는 말이 있습니다. '그 업계를 잘 모른다면, 먼저 타깃 광고를 기획하지 말고 관찰부터 해라. 만들려고 애쓰지 말고, 모방부터 시작해라.' 이 말을 하는 현실적이고 실무적인 두 가지 이유가 있습니다.

첫째는 시간 절약의 문제입니다. 업계의 동향이나 흐름, 고객 반응의 맥락을 잘 모른 채로 처음부터 기획을 시작하게 되면 생각보다 훨씬 시행착오를 마주하게 됩니다. 감을 못 잡은 상태에서 머릿속에서만 계획을 세우면, 방향을 잡기도 어렵고 실행 단계에 가서 자꾸 수정하게 되며 결국 반복 작업이 늘어나게 됩니다. 특히 빠른 실행이 중요한 광고 현장에서는 이러한 시행착오가 큰 리스크가 됩니다.

둘째는 업계의 정서 문제입니다. 내가 보기엔 멋지고 창의적이고 특별해 보이는 기획이라도 업계의 정서나 흐름과 맞지 않으면 그저 엉뚱하고 생뚱맞은 광고 소재가 되어버릴 수 있습니다. 특히 산업군이나 타깃층에 대한 이해가 부족한 상태에서 무작정 '내가 보기 좋은' 광고를 만들게 되면 고객의 반응과는 전혀 동떨어진 결과가 나옵니다. 마케터가 만드는 콘텐츠는 예술 작품이 아니라 결국 시장과 대화하기 위한 도구입니다. 즉, 내가 말하고 싶은 게 아니라 시장이 듣고 싶어 하는 방식으로 말해야 한다는 의미입니다. 특정 업계에서 쓰지 않는 용어나 외국어 단어를 쓰는 경우도 흔한 실수의 사례입니다.

그래서 제가 항상 신입들에게 강조하는 것이 '발명'보다는 '발견', '제작'보다는 '모방' 부터 시작하는 것입니다. 여기서 말하는 모방은 단순 복사가 아닙니다. 잘 만들어진 기존 광고나 콘텐츠, 업계의 흐름을 먼저 충분히 관찰하고 벤치마킹하고 흐름에 익숙해지는 과정입니다. 그리고 그 속에서 우리가 쓸 수 있는 포맷, 톤 앤 매너, 고객 반응 포인트를 발견해 내는 것입니다. 이런 기반 없이 무작정 새로운 것을 만들어보려는 시도는 정작 효율도 떨어지고 시장에서도 어필되지 않는 경우가 많습니다.

실제 현장에서도 '이건 누가 봐도 우리 업계 광고가 아닌데요'라는 피드백을 듣는 경우가 종종 있습니다. 이런 광고가 노출되면 사고나 마찬가지입니다. 시장의 정서와 동떨어져 있기 때문입니다. 나름 독창적인 작품일 수는 있겠지만, 고객들에게는 낯설고 납득이 안 되는 메시지가 되어버립니다. 굳이 "저 회사 뭘 모르네."라는 말을 들을 필요는 없지 않을까요?

예를 들어, 월 200만원이 지출되는 영어유치원 광고를 하는데 2만원 할인해 주겠다고 광고하는 게 맞는지, 교재의 우수성을 강조하는 게 맞는지는 업계 사람이면 다 알 것입니다. 그러나 실제 실무에서 이런 핀트가 맞지 않는 광고를 많이 봅니다.

광고란 시장과 소통하고 설득하는 작업입니다. 아무리 훌륭한 아이디어라도 업계를 읽지 못하고 시작하면 고객의 머릿속에 들어가 보지도 못한 채 사라지고 맙니다. 모르는 상태라면 잘하고 있는 사람을 먼저 따라 하는 것이 오히려 가장 빠르고 가장 안전하며 효율적인 전략입니다.

처음엔 발견하고 그다음에 모방하고 그 위에 여러분만의 차별점을 더 하시기 바랍니다. 진정한 소재의 창의성은 업계를 충분히 이해하고 난 다음에 오는 것입니다.

반대급부를 설계해야 매출이 나온다!

나는 잘 만든 광고라고 생각하고, 개인화도 시켰는데 클릭이 일어나지 않는 경우가 많이 있습니다. 이런 경우는 개인화 말고 한 가지가 부족한 경우가 대부분인데, 그것은 반대급부의 설계입니다. 반대급부는 쉽게 말해서 광고를 보는 사람에게 줄 명확한 보상입니다.

기대심리가 생겨야 합니다. '그래서 나한테 뭐가 좋은데?', '내가 이걸 지금 구매해야 할 이유가 뭐야?'라는 질문에 대한 답이 바로 반대급부입니다. 타기팅을 잘하고 개인화도 했지만 클릭이 안 되는 경우, 이 질문에 제대로 대답하지 못하고 있는 경우가 대부분입니다.

'건성피부 크림 40% 할인'이라는 화장품 광고를 예로 들어보겠습니다. 실제 건성피부를 가진 잠재 고객에게 정확히 타기팅 하는 데 성공했고, 할인 혜택까지 강조했다고 해봅시다. 하지만 여러분의 제품이 누구나 아는 유명 브랜드가 아니라면, 이것만으로는 충분하지 않습니다.

타깃 광고의 성과가 올라가고 전환이 나오려면 반대급부를 강조해야 합니다. 건성피부가 진정되거나, 보습의 효과가 보이는 장면을 강조해야 합니다. 즉각적이고 구체적인 반대급부의 표현입니다. 단순히 '보습에 좋아요'가 아니라, '건조하고 갈라진 피부가 3일 안에 매끄럽게 회복됩니다', 혹은 '바르자마자 속부터 촉촉해지는 경험을 느껴보세요'처럼 효과에 대한 시각적이고 감각적인 이미지를 제공해야 합니다.

소비자가 상상할 수 있게 만드는 것, 그게 진짜 반대급부입니다. 제가 강의할 때 자주 예시로 드는 사례 중에 맥도널드의 광고가 있습니다. 이미 배달의 민족이 매일 광고하고 있지만 맥도날

드는 맥딜리버리라는 자체 배달시스템과 APP을 보유하고 있습니다. 맥딜리버리로 주문하는 것과 배달의 민족으로 주문하는 것이 차이가 없다면 사람들은 배달의 민족으로 주문하지 않을까요?

맥딜리버리가 할 수 있는 반대급부의 설계는 지금 즉시 맥딜리버리로 가입하면 콜라와 감자를 빅사이즈로 업그레이드해 주겠다는 광고입니다. 이것은 지금 즉시 눈에 바로 보이는 반대급부입니다. 지금 바로 APP을 설치하고 햄버거를 주문하면 할인해 주겠다는 말입니다. 즉시성이 중요합니다. 반대급부에는 나중과 먼 훗날은 중요하지 않습니다. 네이버 플레이스 후기 작성 시 즉석에서 할인해 주는 식당들이 좋은 예입니다. 반대급부는 되도록 빨리 이루어지게 하는 것이 필요합니다.

광고란 '잘 보이게' 만드는 것이 아니라 '움직이게' 만드는 것입니다. 아무리 정교하게 타기팅 하고 완성도 높은 크리에이티브를 만들었더라도, 고객이 클릭하고 행동할 이유가 없다면 아무런 의미가 없습니다. 반대급부는 그 이유를 만들어주는 장치입니다. 여러분의 광고에 지금 당장 클릭해야 할 이유, 즉 반대급부는 제대로 설계되어 있나요?

송출측정과 유입측정을 구분하라!

타깃 광고를 운영하실 때 반드시 명확히 인지하셔야 할 핵심 개념이 있습니다. 바로 '송출 측정'과 '유입 측정'은 다르며, 두 지표를 균형 있게 보아야 한다는 점입니다. 많은 분들이 타깃 광고가 잘 되고 있는지를 판단할 때 흔히 노출 수나 클릭 수, 또는 영상 재생 수와 같은 송출 데이터를 중심으로 평가하곤 합니다. 하지만 이러한 수치는 광고의 전반적인 성과를 온전히 설명하기에는 부족합니다.

특히 타깃 광고는 검색 광고와 달리, 클릭이 없어도 단순 노출만으로 광고비가 청구되는 구조가 많습니다. 그래서 노출이 되었으니, 광고 효과가 있을 것이라는 막연한 추정보다 동영상 광고라면 단순히 '몇 번 재생되었는가'보다는 '30초 이상 시청한 비율'이나 '전체 영상의 몇 퍼센트까지 봤는가'가 더욱 중요한 지표가 됩니다. 30초 미만에서 대부분 이탈했다면, 아무리 도달 수치가 높더라도 실질적인 관심 유도에는 실패한 셈입니다.

그보다 더 중요한 것은 바로 '유입 측정'입니다. 광고를 본 사람이 실제로 우리 홈페이지나 랜딩페이지에 들어와서 어떤 행동을 했는지를 분석해야 비로소 진짜 광고 성과를 파악할 수 있습니다. 예를 들어, 클릭이 많이 발생했더라도 그 이후에 이탈률이 높고, 체류 시간이 짧으며, 구매나 문의 같은 전환으로 이어지지 않았다면 광고는 성공했다고 보기 어렵습니다. 이것은 마치 학생의 실력을 성적표는 보지 않고 단순히 공부 시간만으로 평가하는 것과 비슷한 오류입니다.

광고 성과는 단순히 보이는 수치가 아니라, 사용자의 행동 속에 담긴 의미를 해석하는 데에 있습니다. 클릭은 시작일 뿐, 진정한 성과는 클릭 이후 고객이 우리 사이트에서 무엇을 했는가에 달려 있습니다. 어떤 페이지를 보았고, 얼마나 머물렀으며, 어떤 경로로 이동했는지가 성과 분석의 핵심입니다. 따라서 광고의 효율을 판단하려면 송출과 유입, 두 영역 모두를 통합적으로 살펴보아야 합니다.

또 하나 중요한 점은, 유입 데이터를 해석할 때 맥락을 고려해야 한다는 것입니다. 예를 들어 겨울이 성수기인 업종이라면, 12월의 유입 수치는 단순히 지난달인 11월과 비교해서는 안 됩니다. 전년도 12월이나 성수기 대비 수치를 기준으로 해야 정확한 해석이 가능합니다. 계절, 이벤트, 방학, 휴가철 등 수요 변동이 있는 시기에는 수치 자체보다 시점과 맥락이 더 중요합니다.

뿐만 아니라 내부 수치만으로 성과를 평가하는 것도 위험합니다. 업계 평균이나 경쟁사의 동향과 비교하지 않고 단지 우리 수치만을 들여다본다면, 전체 시장에서 우리의 위치를 잘못 파악할 수 있습니다. 하루에 100명이 유입되었다고 해도 경쟁사는 같은 예산으로 300명을 유입시키고 있다면 우리는 분명히 뒤처지고 있는 것입니다. 반대로, 유입 수치가 줄어든 것 같아도 업계 전체가 비수기라면 오히려 잘하고 있는 것일 수도 있습니다. 절대적 수치보다 중요한 것은 상대적 위치입니다.

이러한 맥락을 올바르게 이해하고 분석할 수 있는 사람이 필요합니다. 단순히 수치를 아는 것만으로는 부족합니다. 그 숫자가 담고 있는 시장의 흐름과 의미를 읽을 수 있는 인사이트가 필요합니다. 이 역할은 내부 직원이 될 수도 있고, 경험이 풍부한 외부 마케팅 전문가나 광고 대행사가 맡을 수도 있습니다. 중요한 건 '숫자를 보는 사람'이 아니라, '숫자를 해석할 줄 아는 사람'이 있어야 한다는 점입니다. 숫자만 들여다보고 판단하는 것은 자칫 통계를 오용하거나 잘못된 결정을 내리는 지름길이 될 수 있습니다.

후처리 프로세스와 조직의 맨파워

여러분이 B2C 분야에서 쇼핑몰을 운영하는 것이 아니라면 대부분의 경우에 광고는 후처리 프로세스를 동반하게 됩니다. 여기서 말하는 후처리 프로세스란 전화를 하거나, 문자를 보내거나, 카카오로 상담하거나, 미팅하여 타깃 광고의 결과를 마무리 짓는 것입니다. 이러한 후처리 프로세스는 마케팅 조직의 수준에 따라 기업마다 아주 큰 차이를 보이고 있습니다.

이런 대응 프로세스가 별것이 아니라고 생각하는 경우가 있는데 이는 아주 큰 차이로, 이러한 대응에 대한 노하우는 보통 잘 공개되어 있지도 않으며 기업마다 개별적으로 관리되고 있습니다. 광고를 통해 고객이 클릭했다는 것은 어디까지나 '관심의 시작'일 뿐이고 실제 매출로 이어지기까지는 기업 내부의 후처리 대응력이 큰 영향을 미칩니다.

제대로 된 마케팅 성과를 만들고 싶다면 단순히 타깃 광고 캠페인을 기획하는 데 그치지 말고, 그 뒤를 잇는 후처리 프로세스를 함께 설계하는 것이 필수입니다. 상담 응대 스크립트, 고객 대응 매뉴얼, 빠른 반응 체계, CRM 연동 등 광고 이후에 흐름을 어떻게 설계하느냐에 따라 전체 성과가 달라집니다. 이 단계에서는 경험 있는 인재가 절실하며 새롭게 이 역할을 맡을 수 있는 인원을 배치하거나 기존 인력을 교육해 전문화된 체계를 만드는 노력이 필요합니다.

팬, 구독자, 좋아요, 댓글이 여러분의 목표??

타깃 광고를 집행할 때 가장 먼저 고민해야 할 것은 광고의 궁극적인 목표가 무엇인가입니다. 판매인가요? 브랜드 인지도 상승인가요? 아니면 회원 가입, 오프라인 매장 방문, 혹은 상담 신청일까요?

그런데 실제로 현장에서 보면 많은 초보 광고주들이 이러한 본질적인 목표를 잊고 눈에 보이는 즉각적인 반응인 팬 수, 댓글 수, 구독자 수 같은 지표에 집착하는 경우가 많습니다. 왜일까요? 그 반응들은 가장 쉽게 확인할 수 있기 때문입니다. 광고 성과를 한눈에 보여주는 것처럼 보이고 숫자가 오르면 기분도 좋아집니다. 그리고 경쟁브랜드의 팬 수, 댓글 수, 구독자 수와 비교하기 시작합니다.

진짜 문제는 여기서 시작됩니다. 우리가 광고를 집행하는 목적이 단순히 '좋아요 1개 더 받기'였을까요? 아니면 '구독자 100명 늘리기'였나요? 광고의 진짜 목적은 전환에 있습니다. 구매, 회원 가입, 예약, 문의, 오프라인 매장 방문 등 구체적인 비즈니스 성과가 우리가 실제로 원하는 결과입니다. 그런데 단지 '좋아요'가 늘었다는 이유만으로 만족하고 있다면 방향이 잘못된 것입니다.

특히 요즘처럼 인스타그램, 유튜브, 틱톡 등의 플랫폼이 우리 일상에 깊숙이 들어온 상황에서는 광고주 본인도 무의식적으로 이런 표면적인 숫자에 끌려가는 경우가 많습니다. 우리가 일상에서 평소에 '좋아요'를 누르고, 구독하고, 댓글을 달며 소통하는 방식에 익숙하다 보니 광고에서도 똑같은 반응을 기준으로 성과를 판단하려는 오류에 빠지는 것입니다.

하지만 타깃 광고는 일반 게시물 포스팅과는 다릅니다. 반응은 '호감'의 표시일 뿐이지 '행동'의 결과는 아닙니다. 그래서 '좋아요', 댓글 같은 1차 반응에 집착하는 광고 운영은 성과와 무관한 지표를 키우는 데 불과하며 오히려 본래 목적을 잊게 만드는 위험 요소가 될 수 있습니다. 그리고 대표가 이런 것을 원하여 광고 담당과 대행사가 방향을 이쪽으로 바꾸게 되면 문제는 더 커집니다.

광고는 결국 투자입니다. 그 투자가 어떤 성과로 이어져야 하는지를 냉정하게 정의하지 않으면 잘 돌아가는 것처럼 보이는 수치 뒤에 실제 비즈니스 성과는 전혀 없는 상황이 벌어질 수 있습니다. 만약 여러분의 진짜 목표가 제품을 팔거나 고객을 유치하는 것이라면 클릭 후의 행동, 전환율을 더 면밀히 살펴봐야 합니다.

타깃 광고에서 진짜 중요한 것은 '보이는 반응'이 아니라 '실질적인 움직임'입니다. 광고의 겉모습이 아니라 그 광고가 고객을 어디로 얼마나 움직이게 했는지를 중심에 두고 전략을 짜야 합니다. 팬을 모으는 것이 아니라 매출을 만드시기를 바랍니다.

팬, 팔로워, 구독자를 늘릴 전략은 별도로 설계해야

많은 기업이 자사 채널을 운영하면서 흔히 기대하시는 것이 도달 광고를 통해 콘텐츠의 조회수가 증가하고 그에 따라 자연스럽게 팬, 팔로워, 구독자도 지속해서 늘어날 것이라는 믿음입니다. 하지만 현실은 다소 다릅니다. 콘텐츠 하나가 높은 조회수를 기록하는 것과 채널 전체의 구독자가 성장하는 것은 전혀 다른 구조와 전략을 필요로 합니다.

　여러분이 평소에 자주 보는 채널 중에 높은 팬덤을 보유한 채널들은 대부분 유명 인플루언서나 연예인, 혹은 이미 개인 브랜드가 구축된 사람이 운영하는 경우가 많습니다. 이들의 경우 콘텐츠 자체가 아닌 '사람'에게 팔로우가 몰리는 구조라 성장이 쉽고 빠릅니다. 그러나 일반 기업이나 브랜드 채널은 사람 중심이 아니라 콘텐츠 중심으로 설계되기 때문에 개별 콘텐츠의 성공이 채널 전체의 팬 증가로 직결되기 어렵습니다. 이 차이를 이해하는 것이 우선 중요합니다.

　또한 도달 광고는 기본적으로 '먼저 알리는 광고'입니다. 특정 콘텐츠의 도달 범위를 확장하고 브랜드나 제품에 대한 인지도를 빠르게 높이는 데 특화되어 있습니다. 따라서 도달 광고를 통해 콘텐츠의 조회수가 증가하는 것은 일반적인 현상이지만 그에 비례하여 팬이나 구독자가 함께 늘어나는 것은 오히려 예외적인 상황에 가깝습니다. 특히 브랜드 계정의 경우 도달 광고만으로는 구독자 성장에 제한이 있을 수 있습니다.

　하지만 그렇다고 실망하실 필요는 없습니다. 광고하지 않을 때보다 팬, 팔로워, 구독자가 늘어나는 경향은 분명히 존재합니다. 다만 그 증가세가 기대보다 느릴 수 있다는 점을 감안하시고 별도의 팬 확대 전략을 병행하는 것이 바람직합니다.

　각 플랫폼마다 팬이나 팔로워 확보를 위한 전용 광고 상품이 마련되어 있습니다. 페이스북, 인스타그램, 유튜브 등에서도 구독 유도 캠페인이 이에 해당합니다. 이러한 상품들은 도달 광고와 목적 자체가 다르며 직접적으로 팬과 구독자 증가에 초점을 맞춘 전략입니다.

또한 단기적인 팬 유입을 원하신다면 '구독자 이벤트'를 기획하는 것도 좋은 방법입니다. 추첨을 통해 소정의 경품을 제공하거나 특정 캠페인에 참여한 사람들에게 혜택을 제공하는 방식은 신규 유입자에게 채널을 각인시키고 일정 비율을 팬이나 구독자로 전환하는 데 효과적입니다.

과거와는 달리 팬, 팔로워, 구독자의 성장은 단순히 콘텐츠를 만들고 광고를 집행하는 것만으로는 달성하기 어렵습니다. 콘텐츠 도달과 구독자 확보는 서로 다른 목표를 가진 마케팅 활동이기 때문에 도달 광고를 기반으로 한 콘텐츠 확산과는 별개로 구독자를 늘리기 위한 전용 전략을 따로 설계하셔야 합니다. 그래야만 브랜드 채널의 장기적인 성장과 팬층 구축이 가능해집니다.

모두가 스트라이커라면 축구가 될까??

적어도 여러분이 일정 규모 이상의 광고를 하고 있다면, 그리고 2가지 이상의 광고 매체를 쓰고 있다면 고민을 해 보셔야 할 것은 적절한 요소에 적절한 매체가 배치되어 있는지입니다. 광고를 운영하다 보면 많은 광고주가 가장 쉽게 빠지는 함정이 있습니다. 바로 '모든 매체가 전환 성과를 내야 한다'는 착각입니다. 특히 성과 측정이 가능한 퍼포먼스 중심의 매체만을 중요하게 여기고 클릭과 전환이 일어나는 마지막 접점만을 과대평가하는 경우가 많습니다.

하지만 광고 운영이란 단순히 '골을 넣는 것'만이 아니라 어떻게 골을 만들지를 설계하는 과정이어야 합니다. 여러분이 축구 감독이라고 가정해 봅시다. 팀에 메시, 손흥민, 호날두, 펠레 같은 공격수만 11명을 세운다고 해서 경기에서 이길 수 있을까요? 수비수도 미드필더도 없이 모두가 스트라이커라면 팀은 오히려 무너질 것입니다.

결국 경기는 밸런스로 이기는 것이지 스타플레이어만으로 이기는 게 아닙니다. 그런데 많은 광고 전략은 바로 이처럼 '모두가 스트라이커'인 구성을 꿈꾸고 있습니다. 모든 광고매체가 네이버 키워드처럼 직접 전환을 만들어 주길 기대하고 소셜 미디어 유튜브, 배너광고와 같은 브랜딩 중심 매체는 간과해버립니다.

손흥민과 김민재를 슈팅 수로 비교하면 될까요? 전쟁에서 드론과 탱크의 역할이 동일한가요? 이제 여러분은 광고를 실행하는 사람이 아니라 감독의 시선으로 전체 포지션을 설계해야 합니다. 광고 집행자가 아니라 전략가로서 각 매체의 역할을 제대로 이해하고 상황에 따라 적절하게 배치할 수 있어야 합니다.

유튜브는 브랜드 인지와 스토리텔링에 강하고, 인스타그램은 감성 자극과 빠른 반응 유도에 적합하며, 네이버는 신뢰 기반의 정보 탐색과 최종 비교에 강합니다. 각 매체가 가진 성격이 다르기 때문에 단순히 클릭률만으로 평가해서는 안 됩니다. 어떤 매체가 '공을 잘 몰고 가서', 최종 전환 매체에 '어시스트' 해주었는지까지 보아야 합니다.

모바일 환경은 더욱 복잡합니다. 소비자들은 유튜브, 인스타그램, 틱톡, 네이버, 블로그 등 다양한 경로를 넘나들며 정보를 소비합니다. 단일 채널만으로 고객의 마음을 사로잡기란 점점 더 어려워지고 있으며 광고 역시 분산된 환경 속에서 유기적으로 연결되어야 효과를 냅니다.

따라서 축구 감독처럼 광고 전체의 포메이션을 설계하는 능력, 선수 기용과 같은 능력이 필요합니다. 즉 어떤 매체가 브랜드의 전방, 후방, 허리를 맡아야 할지를 결정하는 능력이 지금 시대의 마케터에게 필수입니다. 특히 '라스트 클릭'만을 보고 효율을 평가하는 방식은 매우 위험합니다. 마지막에 클릭을 유도한 네이버 쇼핑, 네이버 키워드 광고가 실제로 구매를 끌어낸 것은 맞지만 그 결정이 있기 전 어떤 매체가 고객에게 브랜드를 처음 인지시켰는지, 구매 욕구를 자극했는지를 함께 봐야 합니다.

골을 넣은 사람만 주목할 것이 아니라 어시스트한 선수와 빌드업을 만든 포지션도 함께 봐야 진짜 전략이 완성되는 것입니다. 결국 효과적인 광고 운영이란, 모든 매체에 똑같은 목표를 부여하는 것이 아니라 역할에 맞는 목표와 평가 방식을 적용하고 그 조합 속에서 최적의 팀을 만들어내는 일입니다.

여러분의 광고 예산이 어디에 얼마나 쓰이고 있는지를 다시 들여다보십시오. 모두가 공격만 하고 있다면 경기는 지속될 수 없습니다. 골을 넣는 것만큼이나 그 골을 만들기 위한 포지션을 구성하는 것이 중요합니다. 지금부터는 '플레이어'가 아닌 '감독'의 시선으로 광고를 바라보시기를 바랍니다. 생각보다 감독의 '고집'으로 망가지는 경기는 정말 많습니다.

정보의 최초 인지 수단으로 타깃 광고의 역할

타깃 광고는 단순히 클릭을 유도하는 도구가 아닙니다. 특히 지금처럼 정보가 넘쳐나는 시대에는 고객이 처음으로 어떤 제품이나 서비스를 '발견'하게 되는 중요한 입구 역할을 합니다. 실제로 많은 소비자들이 새로운 브랜드나 제품을 처음 접하게 되는 공간은 네이버 검색창이 아니라 인스타그램 피드, 유튜브 영상 광고, 페이스북 타임라인, 혹은 디스플레이 광고 배너 같은 도달 광고의 접점에서입니다. 이처럼 타깃 광고는 단지 전환을 유도하는 수단을 넘어 '인지의 출발점'을 만드는 도구라는 관점에서 이해해야 합니다.

물론 타깃 광고가 마지막 전환 지점, 즉 구매 직전에 고객을 설득하는 '라스트 클릭' 역할을 하기도 합니다. 그러나 확률적으로는 그 반대가 더 많습니다. 처음은 도달 광고, 마지막은 검색인 경우가 훨씬 많습니다. 예를 들어 사용자가 유튜브에서 한 브랜드의 광고를 우연히 보고 관심을 가졌다면 그 순간은 '발견'의 시점입니다. 이후 사용자는 브랜드명을 기억하거나 스크린샷을 찍어두고 실제 구매를 고려할 때 네이버 쇼핑이나 구글 검색을 통해 해당 제품을 다시 찾아봅니다. 그리고 가격 비교를 통해 최종 결정을 내리게 됩니다.

실제 많은 기업의 광고를 구글 애널리틱스와 같은 도구로 분석해 보면 네이버 브랜드 검색 광고를 라스트 클릭으로 결제율이 가장 높은 경우가 많습니다. 네이버 브랜드 검색 광고가 뭐길래 박스에 불과한 네이버 브랜드 검색 광고에서 전환이 이루어질까요?

고객은 절대 네이버 브랜드 검색 광고가 첫 접점이 아닙니다. 소비자의 구매 여정은 하나의 채널에서 단일하게 이뤄지지 않습니다. 여러 경로를 거치며 정보를 수집하고, 감정을 동반한 관심을 형성하고, 마지막으로 합리적인 비교를 통해 결정합니다.

그런데 대부분 이 생각을 못하고 라스트 클릭만 남기고 나머지를 버리면 예산을 아낄 수 있다고 생각합니다. 중요한 것은 그 시작점, 즉 '처음 그 제품을 알게 된 순간'이 어디였느냐는 것입니다. 타깃 광고는 바로 이 최초 인지의 순간을 설계할 수 있는 도구입니다. 고객이 자발적으로 검색을 시작하기 전에 우리가 먼저 다가가 제품이나 서비스를 '발견하게' 만들어야 합니다.

여러분께 한 가지 질문을 드리고 싶습니다. 고객이 처음부터 네이버 쇼핑에 들어가 '가격 비교부터' 구매 여정을 시작한다고 생각하시나요? 대부분의 소비자는 관심을 먼저 느끼고, 브랜드를 알고, 감정적으로 끌린 후, 그제야 검색을 통해 세부 정보와 가격을 확인합니다. 대부분의 도달 광고는 어시스트 능력이 뛰어나다는 것을 명심하시기 바랍니다

마케터가 진짜 고민해야 할 질문은 '고객이 어떻게 우리 제품을 발견하게 할 것인가?'입니다. 제품이 아무리 좋아도 발견되지 않으면 팔리지 않습니다. 브랜드가 아무리 매력적이어도 고객의 눈에 띄지 않으면 존재하지 않는 것과 같습니다. 타깃 광고는 이런 '존재 증명'을 위한 가장 강력한 도구입니다. 전환만을 노리는 '마지막 클릭'에만 집착하기보다 처음 마주하는 찰나의 순간, 즉 '발견의 경험'을 어떻게 만들 것인가에서 전략을 시작해야 합니다.

유입보다 더 중요한 '이탈 방지' 전략

많은 광고주가 타깃 광고를 통해 얼마나 많은 유입을 만들었는지에 집중합니다. 그러나 광고 성과를 진지하게 분석해 보면 정작 중요한 것은 유입 그 이후의 단계, 즉 '얼마나 머물렀고, 무엇을 했으며, 왜 떠났는가?'에 대한 분석이라는 사실을 곧 깨닫게 됩니다.

실제 수많은 기업 홈페이지를 분석해 보면 1페이지만 보고 바로 이탈하는 비율, 즉 이탈률이 매우 높습니다. 유입 자체는 성공했지만 그 유입을 고객 전환으로 연결하지 못하고 놓쳐버리는 구조입니다. 이러한 상황이 반복되면 타깃 광고의 효율은 떨어지게 되고, 광고비 대비 효과는 미미한 수준에 그치게 됩니다. 이때 많은 광고주가 '광고를 더 잘해야 하나?', '더 많은 예산을 써야 하나?'라고 고민하지만 사실 문제는 홈페이지에 있습니다.

가장 흔한 원인은 홈페이지 디자인이 오래되었거나 사용자 인터페이스(UI)가 불편한 경우입니다. 사용자는 처음 3초 만에 그 웹사이트가 신뢰할 만한지 필요한 정보를 얻을 수 있을지 본능적으로 판단합니다. 만약 디자인이 촌스럽거나, 모바일에서 글씨가 깨지거나, 버튼의 위치가 혼란스럽다면 사용자는 바로 이탈합니다. 특히 최근에는 모바일 유입이 주를 이루기 때문에 모바일 최적화는 기본 중의 기본입니다.

요즘 사용자들이 기대하는 기본은 간편 로그인과 간편 결제입니다. 회원 가입을 위해 긴 양식을 입력하거나 결제를 위해 복잡한 인증 과정을 거쳐야 한다면 고객은 이탈할 수밖에 없습니다.

특히 광고로 유입된 방문자는 대부분 자발적인 검색이 아닌 '우연히 발견한 관심'에서 들어온 고객이기 때문에 작은 불편함에도 민감하게 반응합니다. 이들에게 단 한 번이라도 로그인이나 결제 과정이 번거롭다고 느껴지면 다시는 돌아오지 않을 가능성이 큽니다.

따라서 간편 로그인, 간편결제는 선택이 아닌 필수입니다. 네이버, 카카오, 구글, 애플 등의 SNS 로그인과 연동하고, 카드 간편결제나 간편송금 시스템을 적용하여, 클릭 몇 번이면 회원 가입과 결제가 가능하게 만들어야 합니다. 이런 구조가 구축되어야만 광고로 유입된 사용자가 '고객'으로 전환되는 비율이 눈에 띄게 개선됩니다.

검색인가? 타깃 광고인가? 그 기준은?

쉽게 개념을 설명하면 '기다려서 잡아야 하는 것 = 검색 광고, 다가가서 잡아야 하는 것 = 타깃 광고' 이렇게 이해하면 됩니다. '낚시로 잡아야 하는 것 = 검색 광고, 그물을 던져야 하는 것 = 타깃 광고', 미끼를 보고 먹으려는 의도가 있었다면 검색이며, 내가 갈 길을 가는데 그물이 날아오면 그것은 타깃 광고입니다.

특정한 이벤트가 우연치 않게 발생해야 매출이 발생하면 검색, 이벤트의 발생 없이 평소에도 브랜드에 스며들게 한다면 그것은 타깃 광고입니다. 이벤트는 대부분 예상되지 않습니다. 대표적인 것이 교통사고 치료일 것입니다. 교통사고 치료는 교통사고라는 이벤트가 돌발적으로 대상자의 인생에서 발생해야 합니다. 교통사고는 타깃 광고로 잡기 힘듭니다. 교통사고를 당했다면 핸드폰을 잡고 검색할 것입니다. 제가 겪어본 타깃 광고 중에 가장 짧은 이벤트는 꿈해몽이 있습니다. 꿈해몽은 전날 꿈을 꾼 사람만이 아침에 검색할 것입니다. 꿈해몽은 타깃 광고로 잡아내기 힘이 듭니다.

결혼, 입학, 자동차구매, 주택구매 같은 이벤트는 어떤가요? 이벤트가 발생하는 것이기는 하지만 기간이 길고 예측할 수 있으며, 인생의 특정 구간에서 발생할 것을 예측 가능합니다. 이것은 그물을 던지는 것과 같습니다. 타깃 광고로 잡을 수 있을 것입니다.

겨울에 일어나는 수도관 동파는 어떨까요? 여러분이 계량기를 파는 사업을 한다면 이것은 검색 광고로 잡아야 할 것입니다. 수도관이 동파되는 계층을 타기팅 하는 것이 쉽지는 않을 것입니다.

난이도를 좀 올려보겠습니다. 수능을 잘 보지 못했는데, 재수하지 않고 유학을 갈 대상자를 구하려면 어떻게 해야 할까요? 수능은 만 18세가 보지만, 유학은 대부분 당사자보다 부모의 의사결정입니다. 그러면, 만 18세인 자녀를 둔 학부모를 특정해야 합니다. 결혼과 출산의 나이를 특정할 수 없기에 범위를 넓게 잡아야 합니다. 다음으로 자녀를 유학 보낼 정도의 경제력이 되려면 소득수준 타기팅을 해야 합니다. 그리고 그들 학부모에게 재수 대신 유학이라는 인지와 발견을 시켜야 합니다. 재수하지 말고 해외에서 대학에 가면 된다는 사실에 대한 인지와 발견을 시켜야 하는 것입니다. 여러 조건을 교차 타기팅 해야 합니다. 이러한 조합을 잘 짜는 유학원이 성공할 수 있을 것입니다.

여러분의 비즈니스를 어떤 광고로 어떻게 짜야 할지를 검토해 보시기 바랍니다. 이것이 실제 타깃 광고의 핵심이며 묘미입니다.

검색 친화론자만 모인 광고 PT 현장

회사의 대표나 주요 의사결정자가 검색 광고 위주의 마케팅 세계관을 갖고 있다면, 마케팅팀과 실무진, 광고 대행사까지도 당연히 그 방향을 따르게 됩니다. 이는 조직 내에서 흔히 발생하는 구조적인 현상으로, 의사결정자의 관점을 중심으로 전략이 고착화되고 새로운 관점이 배제되는 흐름입니다.

왜 이런 일이 발생할까요? 답은 간단합니다. 대표와 경영진과의 의견의 충돌을 줄이고 '좋은 게 좋은 것'이라는 무언의 질서 속에서 조직의 평화를 유지하려는 심리 때문입니다. 마케팅팀은 괜히 대표의 기존 신념과 충돌하는 제안을 하느니, 무난한 방식인 검색 광고 중심의 전략을 반복하게 됩니다. 광고 대행사도 마찬가지입니다. 고객을 설득하기보다는 고객이 듣고 싶어 하는 말, 익숙한 전략을 제시하는 것이 수주 가능성과 매출을 높이기 때문입니다.

이러한 분위기는 특히 광고 대행사 PT 현장에서 명확하게 드러납니다. 저는 실제로 수많은 광고 대행사 PT에 직접 참여하거나 외부 심사위원으로 참석하며 검색 중심의 사고가 일관되게 반복되는 현장을 자주 목격해 왔습니다.

예를 들어 어떤 기업이 기존에 네이버 키워드 광고를 중심으로 꾸준히 광고를 해왔고, 대표이사의 스타일을 안다면 PT에 참가하는 대행사들도 대부분 '네이버에서의 효율을 더 높이기 위해 무엇을 할 수 있을까'에 집중한 제안만 쏟아냅니다. '이제 도달 중심의 광고로 시각을 넓혀 보자'라거나 '장기적 관점에서 브랜드 컨셉을 강화하자'는 제안은 대부분 비효율적이라고 평가되거나 생소함 때문에 배제되고 이상한 제안을 하는 업체로 치부되는 경우가 많습니다.

진정한 전략적 대안을 제시한 대행사가 오히려 기존 관점에 도전했다는 이유로 낮은 평가를 받는 일도 적지 않습니다. 당장 성과가 보장되지 않고 새로운 시도를 요구하는 방식이기 때문입니다. 이는 결국 모두가 같은 방향만 바라보는 '검색 친화적 동조 집단'이 형성되는 결과로 이어집니다.

이러한 구조에서 가장 큰 문제는 검색 광고 외의 가능성을 원천 차단해 버리는 조직적 습관입니다. 유튜브 쇼츠, 인스타그램 릴스, 틱톡과 같은 발견 기반 도달 광고, 혹은 브랜드 검색량 증대를 유도하는 영상 콘텐츠 전략 등은 내부에서 진지하게 논의조차 되지 못합니다. 결국 우리는 스스로 만든 익숙함의 함정에 갇히게 되는 것입니다. 새로운 시도는 도전이 아니라 혼란으로 인식되고 진정한 마케팅 혁신은 '위험한 실험'으로만 남게 됩니다.

이런 이유로 저는 강조합니다. 경계해야 할 것은 성과가 나쁘지 않다는 안도감이며, 진짜 위험은 성과가 나빠지는 것이 아니라 새로운 가능성을 외면하는 태도입니다. 광고 전략의 다양성은 결국 내부에서 허용된 시각의 폭에서 출발합니다.

검색 광고가 익숙하고 현재의 성과가 괜찮다고 해서 그 프레임에 모든 가능성을 가두지 마십시오. 여러분이 대표라면 지금 한 번쯤 질문해 보시기 바랍니다. '내가 이끄는 조직은 혹시 검색 친화론자만으로 구성된 마케팅팀이 된 것은 아닌가?'

추세는 생명이다, 매일 익혀야 한다

온라인 광고 대행사다 보니, 회사 내부 미팅에서 직원들에게 가장 자주 묻는 질문이 있습니다. "현재 A 광고주의 CPC, CPA, CTR이 어떻게 되나요?" 그리고 "지난 일주일, 한 달 동안의 추세는 어떤가요?"

보통 광고 대행사 직원 한 명이 4~5개 이상의 광고주를 담당하다 보니 혼동할 수 있어서, 저는 자주 확인합니다. 제가 모든 광고주의 실시간 상황을 다 파악할 수는 없으니, 담당 직원들이 각자 맡은 고객의 광고 흐름을 제대로 알고 있는지 물어보는 게 습관이 되었습니다. 이런 추세 파악은 정말 중요하기 때문입니다.

쉽게 예를 들면 여러분이 주식이나 코인, 금융투자를 하신다면 매일 HTS나 APP에 들어가서서 가격을 체크하실 것입니다. 왜 그렇게 하시나요? 오늘 당장 매도나 매수를 하려고 그러시는 것이 아니라 추세를 보려고 그러시는 것이 아닐까요? 변동성이 있어서, 원하는 목표에 가거나 변동성이 커진다면, 매도 또는 매수의 의사결정을 하기 위해 보시는 것이 아니신가요? 광고도 마찬가지입니다.

타깃 광고는 추세를 알고 있어야, 효율이 낮은 광고의 소재를 버리고 새로운 소재를 기획하고 만드는 작업이 가능합니다. 그리고 성과가 정말 아니라면 광고를 오프해야 하는데 광고를 오프하는 의사결정을 하려면, 추세선을 모르고는 할 수 없습니다.

  금융투자처럼 버릴지 말지를 판단하려면 여러분은 항상 추세를 알고 계셔야 합니다. 투수들이 출전일이 아님에도 공을 만지는 이유는 감을 잃지 않기 위해서입니다. 계속 추세를 읽고 쫓아가시기 바랍니다.

에필로그

"타깃 광고는 대상을 좁히는 것이 아니라 구분하는 것이다."

본 도서를 다 읽은 지금 이 말이 좀 이해가 가시나요?

이 책이 독자 여러분의 마케팅 시야를 넓히고 더 이상 검색 광고에만 몰입하는 시행착오는 겪지 않게 하는 계기가 된다면 좋겠습니다. 마케팅에는 정답이 없다지만 지금까지 해온 방식만이 유일하다고 믿는 고집은 분명 버릴 필요가 있습니다.

특히 네이버에만 의존해 검색 노출 순위에 집착하고 있다면, 이제는 스스로에게 물어봐야 할 때입니다. '나는 왜 아직도 노출 순위에만 집착하고 있는가? 불안감은 아닌가? 고객은 과연 검색 속에만 있는가?' 우리는 예산이 있으면 키워드 광고를 비싸게 하고 아니면 블로그 마케팅을 오랫동안 열심히 하면 된다고 가스라이팅 당해 왔을지 모릅니다.

검색만으로 고객을 설득할 수 있던 시대는 끝났고, 이제는 AI에 기반한 도달 중심의 광고로 '누가, 언제, 어디서' 우리의 메시지를 보게 할 것인가를 설계하는 능력이 중요해졌습니다. 도달 광고를 포함한 포트폴리오가 여러분만의 마케팅 자산입니다.

그래서 이 책의 마지막 제안은 단순합니다. 하루에 5천 원이든, 1만 원이든 직접 타깃 광고를 돌려보십시오. 유튜브, 인스타그램, 페이스북, GDN, 카카오 등 어떤 플랫폼이든 상관없습니다. 중요한 건 실제로 도달 광고를 스스로 운영해 보는 경험입니다. 아무리 많은 책을 읽고, 아무리 많은 강의를 들어도 말과 글로 배우는 마케팅은 무의미합니다.

  그럴듯한 말들은 한순간 고개를 끄덕이게 할 수는 있지만 곧 잊힙니다. 하지만 실제로 내 돈이 들어간 광고를 입찰하고 클릭 수가 찍히고, 전환이 이루어지는 순간, 그 모든 지식은 비로소 살아 움직이기 시작합니다.

  마지막으로 강조해 드리고 싶습니다. 검색 중심의 세계관을 고집하는 것은 버리고 도달 광고를 믹스하시기 바랍니다. 이 책이 그 출발선 앞에서 여러분의 등에 가볍게 손을 얹는 역할을 했기를 진심으로 바랍니다.

2025. 7 심진보 드림

부록: 찾아가는 마케팅 컨설팅 (무료)

- 매월 일정 금액 이상의 온라인 광고 비용을 지출하시는 기업인 가요?
- 광고에 성과가 없다고 느껴지시나요?
- 검색 광고와 블로그 위주로만 온라인 광고가 편성되어 있나요?
- 신사업, 신제품 출시, 개업(개원)을 앞두고 계신 가요?
- 도달 광고, 타깃 광고에 대한 경험이 부족하거나, 내부 인력이 없으신가요?
- 도달 광고가 비활성화되는 문제 때문에 힘드신가요?
- 소득수준 타깃 광고를 하기를 원하시나요?
- 광고하고 있지만 통계적 분석을 하지 못하고 있나요?
- B2B 타깃 광고를 하기를 원하시나요?

상기에 해당하신다면, 찾아가는 마케팅 컨설팅을 신청해 주시기를 바랍니다.
수도권지역은 미팅이 가능하며, 지방은 Zoom 미팅이 가능합니다.
저자에게 현재 상황에 대한 간략한 설명과 함께 신청하시면 됩니다.

이메일 : help@2bstory.com
연락처 : 010-8718-5000

AI시대, 타깃 광고 이기는 전략

발행	2025년 07월 07일

저자	심진보
펴낸이	심진보
편집	윤경희
펴낸 곳	투비스토리㈜

출판사 등록	2024.07.18. (제2024-203호)
주소	서울 강남구 테헤란로2길 27 비전타워, 10층 1022호
전화	070-8676-7132
이메일	help@2bstory.com

ISBN 979-11-988599-2-1(03320)

www.2bstory.com
@심진보 2025

본 책은 저작자의 지적 재산으로서 무단 전재와 복제를 금합니다.